Tomaten

Eva Schumann

GARTEN-FIT

- **Sorten und Anbau**
- **Fitness und Gesundheit**
- **Feine Rezepte**

Ulmer

Inhalt

Tomate – Frucht für Genießer

Die saftige, vitaminreiche, leuchtend rote Frucht gehört sowohl im Garten als auch in der Küche zu unseren Lieblingsgemüsen.

4

Von den Anden bis zum Mond

Wissenswertes zur Tomate von ihrer Herkunft bis zu ihrem heutigen Stellenwert in Ernährung, Kultur und Medizin.

8

Inhalt

Tomaten selbst anbauen

Selbst geerntete Früchte schmecken einfach am besten. Anbauen kann man Tomaten im Freiland, im Gewächshaus oder auf Balkon und Terrasse.

16

Tomaten – voll mit Gesundheit

Die vitaminreiche, kalorienarme Tomate macht Schlagzeilen. Sie verspricht Schutz vor Thrombose, Krebserkrankungen und vieles mehr.

44

Internationale Tomatenküche

Die schmackhafte Frucht ist so vielseitig verwendbar, dass man sie jeden Tag essen könnte und damit kulinarisch die ganze Welt bereist.

54

Bezugsquellen

Auf der Suche nach einer bestimmten Sorte, Fragen oder Probleme? Die richtigen Ansprechpartner finden Sie hier.

Register

Schnell gefunden: Ob Sortenname, Inhaltsstoff oder Rezept – die wichtigsten Informationen von A bis Z.

Tomate – Frucht für Genießer

Leuchtend rote, pralle Früchte – egal, ob die großen, schweren Fleischtomaten zum Füllen, die kleineren, runden für die Suppe oder die ganz kleinen, köstlichen Cherrytomaten einfach für zwischendurch – schon mit ihrer Farbe und ihrem saftigen appetitlichen Aussehen ziehen die Tomaten unsere Aufmerksamkeit auf sich, sei es am Gemüsestand, im Gartenbeet oder am Salatbuffet.

Tomaten gehören zu unseren beliebtesten Gemüsen. Pro Kopf verzehren wir in Deutschland im Durchschnitt über 17 kg pro Jahr, davon etwas über 7 kg Frischware. Das Angebot und die Sortenvielfalt sowohl beim Gemüseeinkauf als auch für den Anbau im eigenen Garten wächst von Jahr zu Jahr. Da gibt es nicht mehr nur die roten, runden Tomaten in unterschiedlicher Größe und Geschmacksintensität, sondern neben den glattrunden auch gerippte, birnenförmige, eiförmige oder röhrenförmige Exemplare. Außerdem sind Tomaten keineswegs nur rot – es gibt auch gestreifte, gelbe, orange- oder lilafarbene, grüne und weiße Tomaten.

Vielseitigkeit, Geschmack und gesundheitlicher Wert haben der Tomate in nur hundert Jahren den Weg vom exotischen Außenseitergemüse zum festen Bestandteil der Hausmannskost und sogar zum Star der Gourmetküche geebnet

Tomaten – zumindest die roten Sorten – sind uns bestens vertraut, dabei sind sie noch recht neu in unseren Küchen. Erst Anfang des 20. Jahrhunderts wurde die Tomate bei uns zum allgemeinen Volksnahrungsmittel. Von da ab gelang ihr jedoch eine steile Karriere, die sicherlich noch nicht abgeschlossen ist: Zum einen nimmt die Sortenvielfalt zu, zum anderen findet die Wissenschaft immer mehr positive Aspekte zu den Inhaltsstoffen von Tomaten und deren Wirkungsweisen heraus.

Tomaten gelten heute als eines der gesündesten Gemüse. Sie stärken die Abwehrkräfte, das vegetative Nervensystem, das Herz- und Kreislaufsystem und sie sollen sogar Krebs vorbeugen. Ein Grund mehr, sie täglich auf den Speiseplan zu setzen.

Am liebsten mag man die Tomaten direkt aus dem Garten frisch auf den Tisch. Der eigene Anbau macht Spaß und lässt Raum für Experimentierfreude. Von Juli bis September lassen sich die köstlichen Früchte aus dem eigenen Garten ernten. Der Anbau gelingt nicht nur im Beet – auch Balkonbesitzer können sich am Wachsen und Gedeihen freuen, denn die richtigen Sorten lassen sich durchaus im Kübel oder Balkonkasten anbauen. Und keine Angst vor Krankheiten oder Schädlingen! Mit den richtigen Vorbeugungsmaßnahmen und dazu einigen einfachen Tipps und Kniffen ist Ihnen eine gute Ernte sicher.

Und wie schmecken Tomaten am besten? Das muss jeder für sich entscheiden. Tomaten sind prima als Salat, Suppe oder Soßenzutat, in Gratins, als Ketchup, Tomatensaft oder Marmelade, eingelegt, gefüllt oder getrocknet – die Möglichkeiten sind unbegrenzt.

Köstliche Sortenvielfalt

Hintergrund

Hintergrund

Von den Anden bis zum Mond

Auf der Suche nach den Anfängen unserer heutigen Tomatenkultur wandelt man auf den Pfaden der südamerikanischen Hochkulturen. Christoph Kolumbus (1451–1506) brachte die Tomate nach Europa. Nach anfänglicher Skepsis wurde sie dann schnell zu einem beliebten Gemüse. Heute ist sie sogar Bestandteil der Raumfahrerkost.

■ Mit der Tomatl fing es an

Die Tomate stammt aus den südamerikanischen Anden, genauer aus dem heutigen Peru, Bolivien und Ecuador, und gelangte mit den Wanderungen der dortigen Ureinwohner nach Norden. Die Azteken und Maya in Mexiko nutzten natürliche Mutationen aus, um aus der ursprünglich nur kirschgroßen Tomate größere Früchte zu züchten. Diese nannten sie zunächst „xictomatl" und später „tomatl", von „tomana" = anschwellen. Auch die Inka des heutigen Peru sollen einigen Quellen zufolge neben Mais und Quinoa bereits Kartoffeln und Tomaten angebaut haben.

Der Name Tomate bedeutet ursprünglich Schwellpflanze

1498 brachten Kolumbus und seine Konquistadoren die Tomate von ihrer zweiten Amerikafahrt mit nach Europa. Die Früchte dieser ersten europäischen Tomaten waren gelbschalig und fanden einige Beachtung. Aber zunächst wollte niemand sie essen, denn man hielt die Früchte für giftig und für den Auslöser von „Liebeswahn".

Lange haftete der Tomate etwas Mystisches an, man nannte sie Liebesapfel oder Paradiesapfel, und für viele Jahre wurde sie ausschließlich als Zierpflanze kultiviert, bevor man ihren kulinarischen Wert erkannte.

■ Die Tomate erobert die Welt

Die ersten Anbauversuche in Europa unternahmen die Italiener Mitte des 16. Jahrhunderts. Sie nannten die Tomate „pomodore" (Goldapfel). Aber erst ab Anfang des 19. Jahrhunderts wurde dort die Tomate tatsächlich häufiger für Gemüse- und Salatgerichte verwendet. Heute ist sie eine feste Größe in der italienischen Küche.

Zuerst wurde sie als Lebensmittel geschmäht, aber bald überwand die Tomate alle Ländergrenzen

Von Italien aus gelangte die Tomate ins nördlichere Europa. Um 1890 begann man in Deutschland mit dem erwerbsmäßigen Anbau, jedoch erst im Ersten Weltkrieg setzte sich das gesunde Gemüse langsam durch. Beliebte Sorten waren damals 'Lucullus', 'Frühe Geisenheimer', 'König Humbert' und 'Ponderosa'.

Auch in den USA hat es lange gedauert, bis die Tomate als Gemüse geschätzt wurde. Die amerikanischen Kolonisten hielten die Tomate anfangs für giftig. Erst die Kreolen im amerikanischen Süden begannen Anfang bis Mitte des 19. Jahrhunderts, Tomaten in schmackhaften Gerichten mit Meeresfrüchten zu kombinieren. Ende des 19. Jahrhunderts begann die industrielle Verarbeitung der Tomate mit der Einführung des Ketchup durch den Deutschamerikaner Henry

Zur Info

Wer hat das Ketchup erfunden?

In China verwendete man schon Ende des 17. Jahrhunderts eine gesüßte Sojasoße namens Ketsiap zu Fisch- und Geflügelgerichten.

Im 18. und 19. Jahrhundert brachten die Handelsfahrer diese Soße auch nach Europa und Amerika. In England wurde aus dem Ketsiap die Worcestersoße entwickelt, in Amerika das Tomato Catsup, welches von Heinz & Noble dann industriell abgefüllt und als Ketchup in Flaschen verkauft wurde.

J. Heinz und seinen Kompagnon L. Clarence Noble. Die beiden nahmen diese pikante Soße aus Tomaten, Essig und Zucker in ihr Sortiment auf, das außerdem gehobelten Meerrettich, Selleriesoße, eingelegte Gurken, Sauerkraut und Essig umfasste. Heute wäre amerikanisches Fastfood und Barbecue ohne Ketchup gar nicht vorstellbar. Und inzwischen hat die Tomate die Küchen der ganzen Welt erobert.

Wer sagt, dass Kinder kein Gemüse mögen? In Form von Ketchup lieben sie es!

Wissenschaftliche Untersuchungen belegen, dass auch im Ketchup die wertvollen Inhaltsstoffe der Tomate enthalten sind. Allerdings ist der Zuckergehalt oft recht hoch

Die Tomate heute

In Deutschland steht die Tomate beim Gemüseverbrauch an erster Stelle. Allerdings stammen weniger als 6 % der Frischware aus eigenem, deutschem Anbau. Frische Tomaten werden hauptsächlich aus Spanien (einschließlich Kanarische Inseln), den Niederlanden und Italien nach Deutschland importiert. Verarbeitete Tomaten in unseren Supermarktregalen stammen dagegen vorwiegend aus Süditalien.

Weltweit werden jährlich beinahe 90 Millionen Tonnen Tomaten geerntet. Dabei liegt China mit einer jährlichen Ernte von über 16 Millionen Tonnen an der Spitze, was fast ein wenig verwundert, denn in chinesischen Rezeptbüchern findet man Tomaten

Tomatenanbau in der Provence

Zur Info

„Carotinoid in Tomaten schützt offenbar vor Krebs“

So fasste die Ärzte Zeitung vom 24.02.1999 (www.aerztezeitung.de) die Ergebnisse einer Analyse von Professor Edward Giovannucci und seinen Mitarbeitern von der Harvard-Universität zusammen.

Die Tomate ist nicht nur unser Lieblingsgemüse geworden, sie hat sich auch im Sprachgebrauch und in den Medien ihren Platz erobert. Aber vor allem in der Medizin macht sie derzeit von sich reden

Er und seine Kollegen hatten einem Datenbestand von 72 Studien, die sich mit dem Verzehr von Tomaten und dem Auftreten von jeweils verschiedenen Krebsarten befassten, auf gemeinsame Ergebnisse hin geprüft. In 57 der Studien konnte eine Umkehrbeziehung zwischen Tomatenverzehr und Krebsentwicklung gefunden werden, in 35 der Studien war das Ergebnis signifikant. Diejenigen, die selten Tomaten aßen, erkrankten 40% häufiger an Krebs als diejenigen, die viele Tomaten oder Tomatenprodukte aßen. Ursache dafür ist vermutlich der sekundäre Inhaltsstoff Lykopin, ein Carotinoid, das der Tomate die rote Farbe verleiht.

Auch Guaven, Aprikosen, Wassermelonen und Grapefruits enthalten Lykopin. Den stärks-ten Hinweis auf eine schützende Wirkung fanden die Wissenschaftler bei Prostata-, Lungen- und Magenkrebs. Auch eine vorbeugende Wirkung gegen Bauchspeicheldrüsen-, Darm-, Speiseröhren-, Mund-, Brust- und Muttermundtumoren wird angenommen.

relativ selten. Weltweit zweitgrößtes Tomaten-Anbauland sind die USA mit etwas weniger als 11 Millionen Tonnen. Weitere große Tomatenproduzenten sind die Türkei, Ägypten, Italien und Indien. Zum Vergleich: die gesamte deutsche Unterglas-Gemüseernte (Tomaten, Feldsalat, Gurken und Kopfsalat) belief sich 1999 auf 111 300 Tonnen.

Tomaten im Weltall

Bereits 1984 schickte die NASA zusammen mit der Firma Parkseed große Mengen Tomatensamen per Space Shuttle ins Weltall, wo sie fünf Jahre blieben, um anschließend die Auswirkungen des Aufenthalts im Weltall auf das Saatgut zu untersuchen. 1997 wurde das Experiment wiederholt, allerdings für nur 14 Tage. Anschließend wurde das Saatgut und das Keimverhalten geprüft. Schulen und Universitäten konnten Weltraumsaat für entsprechende Experimente bei Parkseed bestellen. Ziel war es, ein breiteres Interesse für die Weltraumforschung und die Biologie zu wecken. Es konnten tatsächlich einige Mutationen hinsichtlich Blattfarbe und Chlorophyll festgestellt werden.

Die Tomate ist auch Bestandteil der Ernährung der Space-Shuttle-Besatzung. Auf der Speisekarte sind beispielsweise Fleischklöpse in würziger Tomatensoße und Tomatengemüse zu finden. Die Astronauten müssen sich bereits fünf Monate vor dem Flug entscheiden, was sie von der Speisekarte wählen. Inzwischen wird übrigens auch im Weltall mit Messer und Gabel gegessen, die Zeiten der Tubennahrung im Raumschiff sind vorbei.

Tomatenanbau ohne Erde?

Pflanzen ohne Erde anzubauen ist gar nichts so Neues, auch wenn diese Technik für die bemannte Raumfahrt verstärkt weiterentwickelt wird, um damit beispielsweise selbstversorgende Raumstationen aufbauen zu können. Bereits bei den alten Ägyptern, den Babyloniern und Chinesen gibt es Beispiele für die Pflanzenkultur in Wasser. In manchen Ländern bringt der gewachsene Boden generell nicht die Voraussetzungen für einen Pflanzenanbau nach herkömmlicher Art mit sich und erst neue Anbautechniken ermöglichen überhaupt eine Gemüseernte.

Für Zierpflanzen ist uns die erdelose Hydrokultur vertraut, aber genauso lassen sich auch Nutzpflanzen ohne Erde anbauen. Das wird bereits seit Jahren im Erwerbs-Tomatenanbau praktiziert. Holland ist hier Vorreiter, gefolgt von Kanada

Hydro-Tomaten stehen in Kunststoffrinnen mit Steinwollwürfeln oder anderen anorganischen Materialien. Durch diese wird eine Nährlösung geleitet, aus der die Wurzeln die benötigten Stoffe aufnehmen. Da die Pflanzen aufgebunden sind, haben sie auch den nötigen Halt.

Auch in Deutschland wird nach Möglichkeiten geforscht, dem Erwerbsgärtner seine Existenzgrundlage zu erhalten, denn die Gewächshausböden erfüllen nach jahrelangem Intensivanbau oft nicht mehr die erforderlichen Ansprüche. Ein anderes Beispiel für die neuen Anbautechniken ist die Dünnschichtkultur. Die Tomaten und andere Gewächshauskulturen stehen in einer nur wenige Zentimeter dicken Erdschicht, die durch Folie vom eigentlichen Boden getrennt ist. Sie werden durch Tropfbewässerung bedarfsgerecht versorgt.

Tomaten im Feldanbau. Zu Hause tut's auch ein Beet, ein Kübel oder ein Balkonkasten!

Rund um die Tomate

Obwohl die Tomate noch gar nicht so lange Bestandteil unserer Gärten und unserer Alltagsküche ist, hat sie bereits Einzug in unsere Redensarten gehalten. Sogar zum Filmstar wurde sie gemacht! Vielleicht möchten Sie die Tomate in Ihre nächsten Urlaubspläne mit einbeziehen – vielerorts wird die Tomatenernte alljährlich gefeiert. Das Kurioseste ist die Tomatenschlacht „Tomatina" in Buñol.

Die treulose Tomate

Längst ist die Tomate in unsere Redensarten eingegangen. „Du treulose Tomate!" nennt man jemanden, der anders handelt als erwartet oder versprochen. Allerdings sagt man das nur zu vertrauten Personen, und heute hat diese Wortwahl einen eher neckenden Unterton. Die Redensart entwickelte sich in den 1920er Jahren, nachdem die Italiener (die damals schon starke Tomatenesser waren) im ersten Weltkrieg aus dem Bündnis mit Deutschland ausgeschert waren. Die Italiener waren aus damaliger Sicht sozusagen die ersten treulosen Tomaten. Auch die Tücken des Tomatenanbaus haben in diesem Zusammenhang ihre Bedeutung, denn Tomaten gedeihen nun einmal nicht immer so, wie man es sich wünscht.

„Du hast wohl Tomaten auf den Augen!" Auch dieser Ausspruch wird teilweise neckend, aber teilweise auch vorwurfsvoll gebraucht und sagt aus: Du hast etwas Offensichtliches nicht gesehen. Der Zentralverband der Augenoptiker (ZVA) nutzte diesen Spruch 1999 für eine bundesweite Werbekampagne, die auf die Leistungsangebote der Augenoptiker aufmerksam machen sollte.

Ob treulos oder nicht, vielseitig ist die Tomate allemal

Filmstar Tomate

Offensichtlich beflügelt die Tomate nicht nur den Gaumen, sondern auch die Fantasie. Vor einigen Jahren wurden wir von dem Film „Angriff der Killertomaten" überrascht. Von einigen Kritikern als schlechtester Film aller Zeiten verschrien, ist der Film inzwischen beinahe Kult: so schlecht, dass er fast schon wieder gut ist. Die Erde wird von wild gewordenen Tomaten in Angst und Schrecken versetzt, sie jagen Kinder, Omis und

Hintergrund

Inzwischen sind die grünen Tomaten sogar zum Filmstar geworden!

Hausfrauen. Selbst dem CIA bleibt nur die Flucht, bis ... Das Ende wollen wir hier nicht verraten. Und es gibt sogar Nachfolgefilme (natürlich heißen sie „Die Rückkehr der Killertomaten" und „Die Killertomaten schlagen zurück"). Allein die Filmplakate sind schon eine Augenweide. Man kann sie sich im Internet anschauen (Adressen siehe Seite 77).

„Grüne Tomaten" ist ein Film von ganz anderer Machart. In diesem vielgelobten, vergnüglichen und gleichzeitig besinnlichen Film spielen nicht die Tomaten die Hauptrollen, sondern es geht um zwei Frauenfreundschaften im Süden der USA, eine in der heutigen Zeit und eine um 1930. Gebratene, grüne Tomaten sind ein typisches Gericht dieser Gegend und gehören sozusagen zur „Kulisse", um die entsprechende Stimmung zu vermitteln.

Tomatenfestivals und Tomatenschlachten

Alljährlich heißt es am letzten Mittwoch im August in Buñol in der Provinz Valencia „in Deckung gehen oder mitwerfen", denn dann tobt eine Schlacht, bei der sich bis zu 35 000 Teilnehmer mit über 140 000 Kilo Tomaten bewerfen. „Tomatina" – so heißt die Tomatenschlacht in Spanien. Die Regeln sind einfach: Man muss bekleidet sein, darf nur mit reifen Tomaten werfen und diese müssen vorher zerquetscht werden, so dass niemand verletzt werden kann. Danach wird gemeinsam sauber gemacht. Früher nahmen hauptsächlich die Dorfbewohner an der Schlacht teil, heute ist sie eine riesige Touristenattraktion.

Da benehmen sich die US-Amerikaner doch wesentlich gesitteter. Mit mehrtägigen Tomatenfesten und -paraden wird die Tomate in vielen Tomatenanbau-Gegenden alljährlich gefeiert, zum Beispiel

Tomatenfreunde, die eine USA-Reise planen, sollten sich vorher informieren, ob an ihrem Ziel etwas Festliches zur Tomate geboten ist

- in Lauderdale County/Tennessee (dreitägiges Festprogramm)
- in Reynoldsburg/Ohio (Festival und Tomaten-Parade)
- in Crystal Springs/Mississippi (Tomatenwettbewerbe für die größte, die hässlichste und die leckerste Tomate, Tomatenkönigin-Wahl, Farmermarkt, Flohmarkt und mehr)
- in Santa Rosa/Kalifornien (Tomatenfestival)
- in New Orleans/Louisiana (French Market Tomato Festival mit Kochvorführungen, Kostproben und Livemusik)
- in Carmel/Kalifornien (Sortenprobe, Verkauf seltener Sorten, Tomatengerichte von 50 der besten kalifornischen Köche zubereitet, Salsa-Kochwettbewerb, Weinprobe, Barbecue).

Sorten und Anbau

Sorten und Anbau

Tomaten selbst anbauen

Am besten schmecken Tomaten aus dem eigenen Anbau – sei es aus dem Garten oder vom Balkon. Köstlich saftig, frisch glänzend und intensiv im Geschmack, so sollen sie sein. Und das lässt sich mit den richtigen Sorten und ein paar Anbautipps erreichen.

Tomatenpflanzen sind krautige, nicht frostharte Pflanzen mit reichlicher Laubbildung und gelben Blüten, die in lockeren Trauben stehen. Nach der Befruchtung entwickeln sich die zunächst grünen Früchte, die rasch wachsen und sich mit beginnender Reife gelb, orange oder rot färben. Solange die Tomaten noch unreif sind, enthalten sie das giftige Solanin. Mit zunehmender Reife wird das Solanin in den Früchten abgebaut (siehe auch Seite 48).

Tomatenblüten haben männliche und weibliche Blütenorgane in einer Blüte

Die richtige Sorte

Die Sorten werden nach verschiedenen Kriterien in Gruppen unterteilt. Da gibt es zum einen die unbegrenzt wachsenden Tomaten, auch **Stabtomaten** genannt. Das sind Sorten, die stark in die Länge wachsen und sich dann nicht selbst tragen können, weshalb sie an Stäben, Schnüren, Spiralen oder Spalieren aufgeleitet werden.

Buschtomaten dagegen hören nach der vierten bis fünften Traube zu wachsen auf. Sie bleiben klein und gedrungen, oft ist es aber dennoch angebracht, ihnen sicherheitshalber einen

'Goldene Königin' ist eine samenfeste Sorte, die sich auch gut im Kübel kultivieren lässt

Die Buschtomate 'Gnom F1' wächst kompakt und reift früh

kleinen Stab oder eine andere Stütze als Schutz gegen Umfallen zu geben.

Je nach Fruchtgröße und -form unterscheidet man **Fleischtomaten**

'Myrto F1' ist eine besonders ertragreiche Fleischtomatensorte mit guter Widerstandsfähigkeit gegen Kraut- und Braunfäule

(Fruchtgewicht über 120 g), runde Sorten (Fruchtgewicht ca. 50 bis 120 g), **Eiertomaten** (eiförmig, ca. 40 bis 60 g) und **Kirsch-** oder **Cocktailtomaten** (ca. 10 bis 40 g Fruchtgewicht). Fleischtomaten können sogar über 1 kg schwer werden. Ihre Früchte sind vielkammrig und neigen manchmal etwas zur Mehligkeit. Einige Sorten schmecken eher fade. Hinsichtlich Geschmack werden die kleineren Sorten in der Regel besser bewertet. Des weiteren wird bei Tomaten zwischen

Die Sorte 'Grünes Zebra' hat etwa Pflaumengröße

Grünfrüchtigen und **Hellfruchttypen** unterschieden. Die Hellfruchttypen reifen gleichmäßiger. Ihre Fruchtschale ist dünner und im unreifen Zustand einheitlich hellgrün gefärbt. Sie neigen weniger zum sogenannten Grünkragen. Die grünfrüchtigen Sorten bleiben am Stängelansatz oft grün, man findet unter ihnen aber ei-

Die Eiertomate 'San Marzano' liefert feste Früchte, die nicht platzen

Der Hellfruchttyp 'Moneymaker' ist für sonnige Lagen geeignet

Sorten über Sorten – eine Freude für Augen und Gaumen!

Die heutige Sortenvielfalt lässt fast keine Wünsche mehr offen, was Farbe, Form, Größe, Geschmack und Widerstandsfähigkeit anbetrifft. Die richtige Sorte auszuwählen ist eine wichtige Voraussetzung für den Anbauerfolg

nige sehr gute Sorten. Tomaten gibt es in den Farben Rot, Gelb, Orange, Lilarot, Weiß und Grün. Außerdem gibt es gestreifte und einfarbige, birnenförmige und runde, gerippte und glatte – die Auswahl ist enorm. Während der Erwerbsgärtner bei der Sortenwahl auch auf die Transport- und Lagerfähigkeit achten muss, kann der Hobbygärtner zartschaligere Sorten anbauen, da er nur einen kurzen Transportweg vom Garten oder Balkon in die Küche hat. Neben dem Geschmack sollte man bei der Sortenwahl aber auch die Widerstandsfähigkeit gegenüber Krankheiten und Schädlingen berücksichtigen.

Sorten mit besonderen Eigenschaften

Je nachdem, ob man Tomaten allein zum Zweck des späteren Genusses anbaut, oder ob man gleichzeitig seinen Garten oder Balkon verschönern möchte, bieten sich unterschiedliche Sorten an. Auch die klimatischen Bedingungen, Boden und Standort spielen eine wichtige Rolle. Überlegen Sie im Vorfeld, welche Sorten sich für Ihren Garten oder Balkon besonders eignen.

Hier ein paar Hilfestellungen, die Ihnen die Auswahl erleichtern sollen. In der Übersicht ab Seite 19 finden Sie weitere Eigenschaften und Bezugsquellen der wichtigsten Sorten.

Fortsetzung Seite 22

Tomaten – die wichtigsten Sorten im Überblick

Sorte	**Sortenbeschreibung**	**Bezugsquellen** (eine Auswahl)
	Stabtomaten	
'Amfora F1'	frühe, flach-runde Fleischtomate, Fruchtgewicht ca. 120 g, Typ Halbgrün, resistent gegen Tomaten-Mosaikvirus, Samtfleckenkrankheit, Verticillium- und Fusarium-Welke	Hild
'De Berao'	rotfrüchtige Sorte, widerstandsfähig gegen Kraut- und Braunfäule	Treml
'Diplom F1'	sehr frühe, rundfrüchtige Sorte für Freiland und Gewächshaus, Typ Hellfrucht, ca. 90 g schwere Früchte, guter Geschmack, resistent gegen Tomaten-Mosaikvirus, Samtfleckenkrankheit, Verticillium- und Fusarium-Welke	Hild
'Estrella F1'	starker Wuchs, Gewächshaussorte, einheitlich große, 70–90 g schwere, feste, runde Früchte, Typ Halbgrün, resistent gegen Tomatenmosaik, Samtfleckenkrankheit, Verticillium-Welke und Fusarium-Welke, widerstandsfähig gegen Kraut- und Braunfäule	Hild, Treml
'Goldene Königin'	samenfeste Sorte, goldgelbe, runde Früchte mit ca. 6 cm Durchmesser, milder Geschmack, platzfest, schwach wachsend (Höhe 120 cm)	Allerleirauh, Hahm, Hild, Nebelung/Kiepenkerl, Sperli, Julius Wagner
'Harzfeuer F1'	rote Sorte mit aromatischem Geschmack, Pflanze ca. 120–150 cm hoch, Fruchtgewicht 60–70 g, widerstandsfähig und wüchsig	Sperli
'Hellfrucht/ Hilmar'	rotfrüchtige, samenfeste und platzfeste Freilandsorte, ertragreich, Höhe 150 cm, frühe Ernte, widerstandsfähig	Allerleirauh, Hild
'Hildares F1'	sehr frühe, runde, platzfeste, ertragreiche Sorte für Gewächshaus und Freilandanbau, Typ Hellfrucht, Fruchtgewicht ca. 80 g, Höhe 150 cm	Hild
'Juliet'	frühe rote, längliche Sorte, Frucht dekorativ, haltbar und platzfest, Pflanzenhöhe 140 cm, in USA mit Preisen ausgezeichnet	Bejo
'Lila Sari'	lilafarbene Frucht, grüne Kerne, wohlschmeckend, widerstandsfähig gegen Kraut- und Braunfäule	Hahm, Treml
'Matina'	rotfrüchtig, samenfeste, kartoffelblättrige Sorte, Höhe 50–60 cm, sehr früh reifend, mittelgroße, platzfeste Früchte mit sehr gutem Geschmack	Allerleirauh, Hild
'Moneymaker'	rotfrüchtige, robuste, ertragreiche Tomate, in sonnigen Lagen empfehlenswerte Freilandsorte	Allerleirauh, Hahm, Hild
'Purpurkalebasse'	tiefrote bis schwarze, großfrüchtige Sorte mit honigartigem Geschmack, für halbschattige Standorte	Grall (Ferme de Sainte Marthe), Hahm

Bezugsadressen siehe Seite 76

Tomaten – die wichtigsten Sorten im Überblick

Sorte	Sortenbeschreibung	Bezugsquellen (eine Auswahl)
'Tigerella'	gestreifte Frucht, guter, fruchtig aromatischer Geschmack, für Freiland und Gewächshaus, widerstandsfähig gegen Kraut- und Braunfäule	Grall, Hahm, Nebelung/Kiepenkerl, Treml, J. Wagner
'Tomosa F1'	frühe Sorte mit einheitlich runden Früchten für Freiland und Gewächshaus, Typ Hellfrucht, resistent gegen sehr viele Krankheiten und gegen Nematoden	Hild
'Vanessa F1'	Longlife-Tomate mit flach-runder Form, Typ Hellfrucht, ertragreich, platzfest, guter Geschmack, Fruchtgewicht ca. 120 g, für Gewächshaus und Freiland, resistent gegen Tomaten-Mosaikvirus, Fusarium- und Verticillium-Welke	Hild, Nebelung/Kiepenkerl
'Vitella F1'	rote Früchte, schöne Traube, milder Geschmack, Pflanze stoppt Wachstum nach der 6. bis 8. Traube, widerstandsfähig gegen Kraut- und Braunfäule	Nebelung/ Kiepenkerl
'White Wonder'/'Weiße Schönheit'	große, weiße Früchte mit süßem, honigartigem Geschmack, wenig ertragreich, interessantes Aussehen, widerstandsfähig gegen Kraut- und Braunfäule	Grall (Ferme de Sainte Marthe), Hahm, Treml
	Fleischtomaten	
'Luxor F1'	rote, aromatische, saftige Früchte bis 500 g schwer, Höhe ca. 150 cm	Sperli
'Master F1'	flachrunde Sorte, Typ Halbgrün, Fruchtgewicht bis 250 g, geeignet für Freiland und Gewächshaus, Höhe 150 cm, resistent gegen Nematoden, Fusarium-Welke, Tomaten-Mosaikvirus und Blattfleckenkrankheit	Hild, Julius Wagner
'Myrto F1'	mittelfrühe, platzfeste, ertragreiche Sorte, milder Geschmack, widerstandsfähig gegen Kraut- und Braunfäule, resistent gegen Tomaten-Mosaikvirus, Verticillium-Welke, Fusarium-Welke und Nematoden	Nebelung/ Kiepenkerl Allerleirauh,
'St. Pierre'	rotfrüchtige, Wärme und Sonne liebende, fast kernlose Tomate mit feinem Geschmack, Höhe 150 cm	Hild
	Eiertomaten	
'Roma'	rote, längliche, saftreiche, festfleischige Frucht mit aromatischem Geschmack, vor allem für die Verarbeitung zu Tomatensaft, zum Kochen und Grillen, stark wachsende Buschtomate (Höhe 50–60 cm), resistent gegen Fusarium.	Allerleirauh, Sperli

Bezugsadressen siehe Seite 76

Tomaten – die wichtigsten Sorten im Überblick

Sorte	**Sortenbeschreibung**	**Bezugsquellen** *(eine Auswahl)*
'San Marzano Nano'	*rote, längliche Früchte, die in dichten Trauben hängen, festes Fruchtfleisch, robuste, platzfeste, hohe Buschtomate (150 cm), für Freiland, Gewächshaus und Kultur im Kübel*	*Allerleirauh, Sperli*
	Cocktailtomaten	
'Evita F1'	*sehr schmackhafte, reich tragende Sorte, Fruchtgewicht 10–20 g*	*Nebelung/ Kiepenkerl*
'Goldita F1'	*goldgelbe, ertragreiche Sorte mit sehr gutem Geschmack*	*Nebelung/ Kiepenkerl*
'Grünes Zebra'	*kleine, grün-gelb gestreifte Tomate von der Größe einer Pflaume, frischer fruchtiger Geschmack*	*Grall (Ferme de Sainte Marthe), Hahm*
'Maiglöckchen'	*ertragreich, widerstandsfähig*	*Grall (Ferme de Sainte Marthe)*
'Minibel'	*rote Sorte, Typ Halbgrün, Höhe 25 cm*	*Julius Wagner*
'Orange Bourgoin'	*pflaumengroße, orangefarbene Früchte mit mildsüßem, fruchtigen Geschmack*	*Grall (Ferme de Sainte Marthe)*
'Phyra'	*Früchte färben sich von dunkelgrün über gelb, orange nach rot, Wuchshöhe 30 cm, geeignet für Töpfe und Balkonkästen*	*Sperli*
'Picolino F1'	*rote Sorte, mit 30–40 g Fruchtgewicht relativ groß, intensiver aromatischer Geschmack*	*Nebelung/ Kiepenkerl*
'Red Robin'	*kompakt wachsende Topftomate, Höhe ca. 15 cm, rote Früchte*	*Nebelung/ Kiepenkerl*
'Supersweet 100 F1'	*früh reifende, aromatische, rote Sorte für den Freilandanbau, Typ Halbgrün, Höhe 180 cm, 15–20 g schwere Früchte, resistent gegen Fusarium- und Verticillium-Welke*	*Hild*
'Sungold'	*orangerote, frühe, ertragreiche Tomate, Frucht ca. 15 g, süß, aromatisch, Pflanzenhöhe ca. 150 cm*	*Hahm, Treml*
'Sweet 100'	*rote Früchte, Höhe ca. 150 cm*	*Hild, Julius Wagner*
'Sweet Cherry F1'	*platzfeste, rote Sorte (Höhe 150 cm) für Gewächshaus und Freiland, resistent gegen Fusarium-Welke, Alternaria-Stielfäule und andere Krankheiten*	*Sperli*

Bezugsadressen siehe Seite 76

Tomaten – die wichtigsten Sorten im Überblick

Sorte	**Sortenbeschreibung**	**Bezugsquellen** (eine Auswahl)
'Yellow Pearshaped'	birnenförmige, gelbfrüchtige, aromatische Sorte, Fruchtdurchmesser etwa 2,5–3 cm, Höhe etwa 150 cm, geeignet für Kübel und Beete, Freiland und Gewächshaus	Nebelung/Kiepenkerl, Sperli, Julius Wagner
'Zuckertraube'	rotfrüchtige Stabtomate für das Gewächshaus, lange Trauben mit aromatischen Früchten	Allerleirauh, Hahm
	Buschtomaten	
'Balkonstar'	rote, frühe Sorte mit kartoffelblättrigem Laub, kompakter Wuchs, Höhe 30 cm, platzfeste Früchte	Hahm, Julius Wagner
'Gnom F1'	sehr frühe, rote Sorte mit süßen, aromatischen Früchten, Fruchtdurchmesser ca. 4 cm, kompakter Wuchs, Höhe 40 cm, für Balkonkästen, Blumenampeln und andere Gefäße, Früchte platzgefährdet	Sperli
'Hoffmanns Rentita'	kleinwüchsige, samenfeste Buschtomate, früh reifend, widerstandsfähig	Hild
'Patio F1'	reich tragende, kompakte Buschtomate, Höhe 50–60 cm, runde, rote, fleischige Früchte, für Balkonkasten und Blumenkübel	Sperli
'Totem F1'	pflegeleichte, reich tragende Balkontomate, Ausgeizen und Stützen nicht erforderlich	Hild

Bezugsadressen siehe Seite 76

'Tigerella' – eine fruchtig frisch schmeckende Tomate mit besonders attraktiven, gestreiften Früchten

Besonders widerstandsfähig gegen Kraut- und Braunfäule

'De Berao', 'Estrella F1', 'Myrto F1', 'Tigerella', 'Vitella F1', 'White Wonder'.

'Purpurkalebasse' ist auffällig und hat einen honigartigen Geschmack

Die Außergewöhnlichen – besonders dekorative Sorten

'Goldita F1' (goldgelbe Kirschtomate), 'Lila Sari' (lilafarben), 'Purpurkalebasse' (dunkelrote bis schwarze Früchte), 'Tigerella' (gestreift), 'White Wonder' (weiß), 'Yellow Pearshaped' (gelb, birnenförmig).

Bewährte Tomatensorten für Hobbygärtner

'Diplom F1', 'Estrella F1', 'Harzfeuer F1', 'Hellfrucht', 'Hildares', 'Master F1', 'Moneymaker'.

'Harzfeuer' – widerstandsfähig und aromatisch

Niedrige Sorten für Balkonkästen und Kübel

'Balkonstar', 'Gnom F1' , 'Patio F1', 'Red Robin' (orange), 'Minibel', 'Phyra'.

'Balkonstar' hat sich als Balkonbepflanzung bewährt

Tomatensorten für Ampelbepflanzungen

'Balkonstar', 'Gnom F1', 'Red Robin' (orange), 'Gartenperle', 'Minibel', 'Phyra'.

Balkonbepflanzung mit 'Red Robin' und Sonnenhut (Rudbeckia)

Höhere Sorten für Kübel

'Harzfeuer F1', 'Tigerella', 'Goldene Königin', 'Hellfrucht', 'Master F1' (Fleischtomate), 'Sweet 100' (Kirschtomate), 'Yellow Pearshaped' (gelb, birnenförmig), 'Roma' (Eiertomate), 'San Marzano' (Eiertomate).

'Yellow Pearshaped' ist eine Augenweide, ob als Kübelpflanze oder auf dem Teller

Was sind eigentlich...

Angesichts vieler Probleme und Skandale in der Nahrungsmittelproduktion sind wir Verbraucher hellwach geworden. Damit Sie wissen, was Sie sich in den Garten oder auf den Tisch holen – hier einige Erläuterungen.

... F1-Hybriden?

Der Ausdruck stammt aus der Saatgutzüchtung und der Vererbungslehre. F1-Hybrid-Samen entstehen aus der Kreuzung zweier reinerbiger, hochwertiger Elternsorten, welche sorgfältig ausgelesen wurden.

Die Pflanzen und deren Früchte aus F1-Hybrid-Samen haben besonders gute Eigenschaften, beispielsweise höhere Erträge oder mehr Widerstandskraft, allerdings nur in der Generation, die aus dieser Kreuzung direkt entsteht. In der nächsten Generation verlieren sich diese Eigenschaften wieder, es kommt zu so genannten Aufspaltungen: die Nachkommen sind alle verschieden. Der Aufwand, die Samen so kontrolliert zu produzieren ist höher, deshalb ist dieses Saatgut teurer.

F1-Hybrid-Samen wird mit herkömmlicher Saatgutzüchtung erzeugt

... Longlife-Tomaten?

Longlife-Tomaten werden wie die F1-Hybriden ebenfalls durch konventionelle Züchtungsmethoden wie beispielsweise Beobachtung, Auslese oder Kreuzungen gezüchtet.

Longlife heißt langlebig – die Sorten wurden danach ausgelesen, dass sie auch nach ihrer Rotfärbung noch lange haltbar bleiben. Die Tomaten können am Strauch rot werden und durchaus einige Tage hängen bleiben. Sie müssen nicht täglich geerntet werden, was die Arbeit des Gärtners wesentlich vereinfacht. Und sie sind auch nach der Ernte länger lagerfähig. Wie bei anderen Sorten gibt es auch hier gute und weniger wohlschmeckende Sorten.

...Gentomaten?

Gentechnisch veränderte Tomatensorten werden nicht konventionell durch Beobachtungen, Auslese und Kreuzungen, sondern durch den direkten Eingriff in die Erbsubstanz gezüchtet.

Züchtungsziele der Gentechnik sind beispielsweise eine verlängerte Haltbarkeit von Gemüsen oder Resistenzen der Gemüse gegen Krankheiten und Schädlinge oder gegen Unkrautvernichtungsmittel. Durch die Medien wurde bei uns die sogenannte Anti-Matschtomate 'Flavr Savr' bekannt, die seit 1994 in den USA angebaut wird. Gentechnisch veränderte Tomaten werden außerdem in Kanada, Japan und Mexiko produziert. In Europa ist bisher weder das Saatgut noch das reife Gemüse zum Verkauf zugelassen.

Gentomaten sind bisher bei uns weder als Saatgut noch als reifes Gemüse im Handel

Kritiker weisen darauf hin, dass das „Auswildern“ gentechnisch veränderter Pflanzen irreversible, negative Auswirkungen auf die Natur haben kann. Solche super-widerstandsfähigen Pflanzen könnten die natürliche Flora einfach verdrängen. Auch seien die Nebenwirkungen des Verzehrs gentechnisch veränderter Pflanzen auf den Menschen zu wenig geprüft. Allergische Reaktionen und Antibiotika-Resistenzen werden als Risiken genannt. Ein weiterer Punkt ist die zunehmende Abhängigkeit der Landwirtschaft von riesigen Chemiekonzernen, die sowohl das gentechnisch veränderte Saatgut als auch das maßgeschneiderte Unkrautvernichtungsmittel gleich im Set anbieten. Fraglich ist auch, ob wir zumindest zu diesem Zeitpunkt gentechnisch veränderte Pflanzen überhaupt brauchen, denn längere Lagerbarkeit und Resistenz gegen Krankheiten kann auch mit hergebrachten Züchtungsmethoden erreicht werden, wie die neuen Longlife-Tomaten und andere Sorten zeigen.

Die Kritiker der Gentechnik befürchten unter anderem negative Auswirkungen auf unsere Gesundheit

Auf das Argument der Befürworter, wir bräuchten die Gentechnik im Kampf gegen den Hunger in der Welt, wird von den Kritikern gekontert, das Hungerproblem sei kein Problem der Nahrungsproduktion, sondern der Verteilung. Durch die Gentechnik würde die Landwirtschaft der Dritten Welt noch tiefer in Abhängigkeiten getrieben. Sie sehen, das Thema Gentechnik ist brisant – und jeder sollte sich seine eigene Meinung darüber bilden.

Äußerlich kann man eine Gentomate nicht unbedingt als solche erkennen. Auch andere Sorten werden nach der Sortierung in Gebinden mit einheitlicher Größe vermarktet

Tomaten selbst anbauen – so geht's

Tomatenpflanzen werden im zeitigen Frühjahr im Gewächshaus, auf einer geeigneten Fensterbank oder im Frühbeetkasten vom Samenkorn zur Jungpflanze vorgezogen. Ins Freie dürfen sie erst nach den Eisheiligen (um den 20. Mai). Ins ungeheizte Gewächshaus kann man sie schon ab Ende April pflanzen, denn im Gewächshaus ist es in kalten Nächten etwa 5 °C wärmer als im Freien.

Von der Aussaat bis zur Ernte

	Saattermin	Pflanztermin	Erntebeginn
Freilandtomate	Ende März	Mitte Mai	Mitte bis Ende Juli
Gewächshaustomate	Anfang bis Mitte März	Ende April bis Anfang Mai	Anfang bis Mitte Juli

Tomaten sind Wärme liebende Pflanzen mit einem hohen Lichtbedarf. Aber sie brauchen im Sommer auch viel frische Luft, um gesund und kräftig zu wachsen

Wer keinen warmen und hellen Platz für die Jungpflanzenanzucht hat, der kauft Anfang Mai kräftige, gesunde Pflanzen beim Gärtner ein. Nur aus guten Jungpflanzen werden auch reich tragende Tomatenpflanzen, daher sollte man lieber auf die eigene Jungpflanzenanzucht verzichten, wenn man nicht den geeigneten Platz hat. Den Sommer und frühen Herbst verbringen die Pflanzen dann im Freien, unter einer Überdachung oder im Gewächshaus. Während dieser Zeit werden sie regelmäßig gepflegt und danken es mit stetiger Fruchtbildung. Ab Juli kann fortlaufend geerntet werden. Die Erntesaison endet mit den ersten Frösten, denn durch den Frost stirbt die Pflanze ab. Auch im Gewächshaus werden die Pflanzen dann abgeräumt.

Aussäen und Jungpflanzen anziehen: An die Jungpflanzenanzucht sollte man sich nur selbst wagen, wenn man wirklich einen hellen Platz hat, der die optimalen Bedingungen liefert. Während der Keimphase sollte der Platz wärmer sein als während der nachfolgenden Jungpflanzenanzuchtphase, also muss man entweder die Temperatur regulieren oder die Pflanzen entsprechend umstellen können. Der beste Platz für die eigene Anzucht ist ein Kleingewächshaus mit verschiedenen Wärmezonen. Ist man auf die Fensterbank angewiesen, kann man die Aussaatkisten auf der warmen Küchenfensterbank zum Keimen bringen und die Pflanzen später auf eine Fensterbank in einem weniger beheizten Raum stellen. Dieser Platz sollte jedoch sehr hell sein, oder man hilft mit einer speziellen Pflanzenleuchte nach.

Für die Terminplanung sollte man berücksichtigen, dass es von der Aussaat bis zur Pflanzung etwa sieben bis acht Wochen dauert. Will man die Tomaten ab Ende April/Anfang Mai in ein Kleingewächshaus pflanzen, so sät man etwa Anfang bis Mitte März aus. Sollen die Tomaten erst ab Mitte Mai ins Freiland gepflanzt werden, so sät man Ende März aus.

Nach dem Angießen werden die Aussaaten warm aufgestellt. Um ein

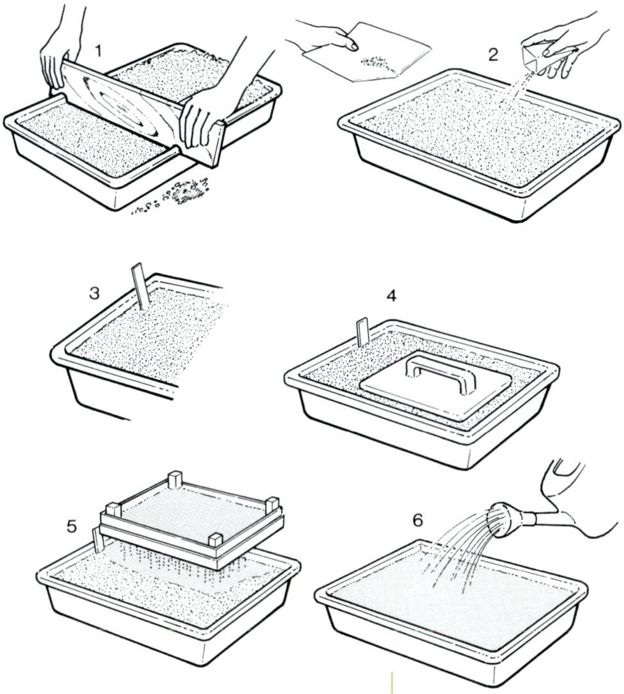

Aussäen. In Schalen oder Töpfen wird der Samen nur etwa 0,5 cm mit Erde bedeckt.
1 Eben abziehen 2 Aussäen aus der Tüte oder mit Papier 3 Etikettieren 4 Andrücken 5 Darüber sieben 6 Überbrausen

feuchtes Klima zu erzeugen, kann man sie bis zur beginnenden Keimung mit Folie, Vlies oder Papier abdecken. Sobald sich die ersten Keimlinge zeigen, entfernt man diese Abdeckung. Die optimale Keimtemperatur liegt bei etwa 22 bis 25 °C. Die Keimdauer beträgt je nach Temperatur 5 bis 15 Tage. Erfahrungsgemäß werden aus den am schnellsten gekeimten, gesunden Pflänzchen mit zwei gesunden Keimblättern auch die am ertragreichsten Tomatenpflanzen. Es empfiehlt sich daher, die gekeimten Tomaten möglichst bald zu pikieren und sehr hell bei 20 bis 22 °C aufzustellen.

Pikieren

Aussaat in Töpfe

Ausgesät wird in eine nicht zu stark gedüngte Erde, am besten in spezielle Aussaaterde. Pikiert wird in eine etwas nährstoffhaltigere Erde, beispielsweise Pikiererde. Das sind jedoch Idealbedingungen. Man kann durchaus für beide Phasen eine nicht zu stark gedüngte Standardblumenerde verwenden.

Für das Pikieren wird zunächst der neue Topf oder die Schale vorbereitet, indem man Erde einfüllt und mit einem Pikierholz oder einem di-

Nach etwa 10 Tagen wird es den Pflänzchen in der Aussaatschale zu eng. Dann müssen sie vereinzelt werden

Pikieren ist das Vereinzeln der gekeimten Pflänzchen. Wer zu lange wartet, bekommt langbeinige, schwächliche Pflanzen

cken Bleistift Löcher für die Pflanzen vorbohrt. Dann nimmt man eine Pflanze der Aussaatschale mit der einen Hand, führt mit der anderen einen Bleistift oder ein Pikierhölzchen vorsichtig unter deren Wurzel und hebt die Pflanze vorsichtig an. Nun wird die Pflanze in das neue Gefäß gesetzt. Dabei führt man die Wurzeln in das vorgebohrte Loch, so dass die Keimblätter über der Erde bleiben, und drückt dann von der Seite Erde an die Wurzeln. Die Pflanzen sollen nach dem Andrücken mit dem Pikierholz richtig fest sitzen. Der Abstand von Pflanze zu Pflanze sollte mindestens

Nicht zu eng pikieren, denn Tomaten wachsen schnell!

Wenn es den Pflänzchen in der Pikierschale zu eng wird, kann man sie zur weiteren Anzucht einzeln in Töpfe pflanzen

10 cm betragen. Je mehr Licht und Luft die einzelne Pflanze erhält, desto besser wächst sie. Anschließend wird vorsichtig angegossen.

In der folgenden etwa fünfwöchigen Jungpflanzenphase werden die Pflanzen zwei- bis viermal mit einer schwachen Düngerlösung gegossen. Beginnen Sie aber erst mit dem Düngen, wenn die Pflanzen richtig angewachsen sind und auch wirklich wachsen. Gegossen wird ansonsten nach Bedarf. Die Erde soll feucht, aber nie „patschnass“ sein.

Pflanzen kaufen: Ab Mitte/Ende April werden junge Tomatenpflanzen auf Wochenmärkten, in Gartencentern und in Gärtnereien angeboten. Wer nicht den Platz für die eigene Anzucht hat, sollte jetzt einkaufen. Am besten nehmen Sie schon im Herbst vorher Kontakt zu Ihrem Gärtner auf, vor allem wenn Sie spezielle Wünsche hinsichtlich der Sorte oder des Pflanztermins haben.

Beim Pflanzenkauf wählen Sie möglichst Pflanzen, die kräftig und gedrungen wirken. Die Keimblätter müssen intakt und die Blätter dunkelgrün sein. Zu diesem Zeitpunkt sollten die Pflanzen noch selbst stehen können; der erste Blütenstand sollte bereits zu sehen sein.

Außer den gängigen Tomaten werden vereinzelt auch für den Hobbygärtner veredelte Sorten angeboten. Bei diesen Tomaten wurde die gewünschte Edelsorte auf eine Unterlage namens ‘Beaufort F1’ gepfropft. Die Unterlage ist eine Wildtomatenkreuzung. Sie zeichnet sich durch Resistenzen gegen Tomaten-Mosaikvirus, Korkwurzelkrankheit, Nematoden, Verticillium-Welke und Fusarium-Welke aus, welche sie durch den Pfropfvorgang auf die gesamte Pflan-

Zur Info

Tomaten veredeln

Tomaten selbst veredeln ist nur etwas für ausgesprochene Spezialisten, die auch für optimale Wachstumsbedingungen in einem Gewächshaus oder einem ähnlichem Platz mit kontrollierbaren Wachstumsbedingungen sorgen können.

Wer sich den Samen der Unterlage 'Beaufort F1' für die eigene Veredelung beschafft, muss bei der Aussaat daran denken, dass diese Sorte ein Lichtkeimer ist und nicht abgedeckt wird. Die Unterlage wird einige Tage vor der Edelsorte ausgesät. Veredelt wird im Keimblattstadium. Bei der sogenannten Kopfveredelung werden sowohl Unterlagenpflanze als auch Edelsorte mit einem horizontalen Schnitt gerade durchgeschnitten und der Kopf der Edelsorte auf den Fuß der 'Beaufort-F1'-Tomate gesetzt. Die Schnittstellen werden mit einem speziellen Clip aufeinander gehalten – da muss der Hobbygärtner etwas improvisieren (versuchsweise kann man Klebeband nehmen). Auf jeden Fall ist mit einem höherem Ausfall bei der Anzucht zu rechnen.

ze überträgt. Die erwähnten Krankheiten treten aber vorwiegend im intensiven Erwerbsanbau auf.

Gegen die Kraut- und Braunfäulekrankheit bietet die Veredelung keinen Schutz. Auch ist bei Temperaturen über 25 °C der Schutz gegen Nematoden nicht mehr wirksam. Jedoch konnte in Versuchen tendenzmäßig eine bessere Tomatenqualität beobachtet werden; außerdem ist der Gesamtertrag durch die gesünderen Pflanzen höher.

Tomaten selbst vermehren: Tomaten sind Selbstbestäuber, das heißt sie benötigen keine andere Sorte, um befruchtet zu werden. Viele Obstgehölzsorten dagegen benötigen unbedingt den Pollen einer anderen Sorte zur Befruchtung, sonst entwickeln sie keine Früchte. Da bei Tomaten überwiegend der eigene Blütenstaub auf die Narbe gelangt, bleiben die Erbanlagen unverändert. Sät man die Samen dieser Früchte aus, haben die daraus entstehenden Pflanzen wieder die gleichen Eigenschaften wie die Eltern.

Samenechte Sorten sind beispielsweise 'Goldene Königin', 'Hellfrucht/Hilmar', 'Hoffmanns Rentita', 'Matina ', 'Moneymaker' oder 'St. Pierre'

Anders ist das bei den F1-Hybriden, denn hier wurde der Pollen einer Vatersorte auf eine Muttersorte übertragen. Die ersten Nachkommen (aus den gekauften Samen) haben zwar gleichmäßig gute Eigenschaften, aber in der nächsten Generation spaltet sich die Nachkommenschaft in verschiedene Qualitäten auf.

Wer Spaß an zufälligen Züchtungsergebnissen hat, kann auch mit F1-Hybriden experimentieren. Eine bestimmte Sorte erhält man aber nur, wenn man die Samen einer samenechten Sorte erntet. Dazu löst man die Samen aus einer vollreifen Frucht heraus, spült sie in einem engmaschigen Sieb gründlich ab und legt sie auf einem Teller zum Trocknen aus. Sind die Samen gut abgetrocknet, kann man sie in Gläsern oder Filmdöschen an einem trockenen, kühlen Platz mehrere Jahre lang lagern.

Tomaten lassen sich übrigens auch über Stecklinge vermehren. Dazu werden etwa 7 cm lange Stecklinge entweder in Erde gesteckt oder in Wasser gestellt. Bei etwa 20 °C bilden sich innerhalb weniger Tage Wurzeln aus. Die Pflanzen können später einzeln in Töpfe gepflanzt werden.

Pflanzen und Pflegen: Die optimale Jungpflanze hat einen kräftigen Stängel, zwei gesunde Keimblätter, sechs schöne Laubblätter und zeigt den ersten Blütenstand. Wenn sich die Pflanze außerdem beim Kauf oder nach der eigenen Anzucht in einem Topf befindet, der über 10 cm Durchmesser hat, kann man davon ausgehen, dass auch die Wurzeln gut entwickelt sind. Leider hat man nur selten das Glück, solch perfekte Pflanzen zu finden. Halten Sie trotzdem danach Ausschau und wählen sie Ihre Pflanzen mit kritischem Auge aus.

Die Keimblätter sind die beiden untersten, ungefiederten Blätter

Vom richtigen Standort hängt ein Großteil des Anbauerfolges ab. Am besten gedeiht die Tomate in einem warmen, humosen oder sandigen Lehmboden. Verdichtete Böden und Staunässe mag sie dagegen überhaupt nicht. Vor der Pflanzung sollte der Boden daher tief gelockert und Kompost in den Boden eingemischt werden (5–10 Liter Kompost pro m^2). Wer keinen eigenen Kompost hat, kann auch Stallmist oder Rindenhumus verwenden.

Rindenhumus ist ein Produkt aus kompostierter Baumrinde, das im Gartencenter erhältlich ist

Die Tomate liebt es warm und sonnig, gleichzeitig braucht sie viel frische Luft. Zwar kann man Tomaten auch ungeschützt ins Freie pflanzen, aber leider werden sie da oft Opfer der gefürchteten Kraut- und Braunfäulekrankheit. Am besten gedeihen Tomaten daher unter einem Dach, welches sie vor Regen schützt. Das kann ein Dachvorsprung, ein hochgestellter Frühbeetkasten, ein Kleingewächshaus mit großen Lüftungsöffnungen oder eine überdachte Terrasse sein.

Nobody is perfect – die Tomate verzeiht kleine Pflegefehler

Gepflanzt wird so, dass die erste Blütentraube zum Weg hin zeigt, das erleichtert die spätere Pflege und Ern-

Zur Info

Fruchtwechsel auch bei Tomaten

Tomaten sollten erst nach zwei bis drei Jahren wieder am gleichen Platz angebaut werden. Die frühere Empfehlung, Tomaten jedes Jahr an die gleiche Stelle zu setzen, gilt heute als überholt.

Tomaten in Kübeln oder Balkonkästen gepflanzt kann man variabel platzieren

Wird der Standort nicht regelmäßig gewechselt, können sich vor allem Wurzel- und Stängelkrankheiten ausbreiten und Schädlinge im Boden vermehren. Haben Sie nur beschränkten Platz zur Verfügung, möchten aber trotzdem jedes Jahr Tomaten anbauen, können Sie dem Problem aus dem Weg gehen, indem Sie die Tomaten in Kübel setzen. Haben Sie ein Kleingewächshaus, können Sie die Beete mit Tomaten, Gurken, Paprika, Auberginen, Bohnen und Melonen von Jahr zu Jahr jeweils versetzen.

te. Die Pflanze wird so tief gesetzt, wie sie auch vorher im Topf stand. Tieferes Pflanzen kann Stängelkrankheiten fördern, flacheres Pflanzen hemmt die Pflanze im Wachstum.

Der Pflanzabstand richtet sich nach der Sorte, in der Regel werden zwei bis drei Pflanzen pro m^2 gesetzt. Damit die Pflanzen nicht umfallen können, leitet man sie entweder an Schnüren, einem Pfahl oder Spiralstäben nach oben. Mit der Pflanzung kann man jeder Pflanze noch etwas Gartenkompost oder einen anderen Dünger verabreichen.

Zu viel Dünger tut den Tomaten nicht gut! Dosieren Sie ihn nach Gebrauchsanleitung

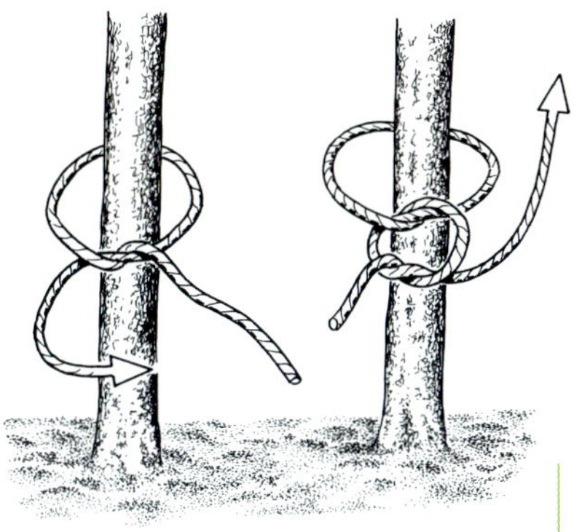

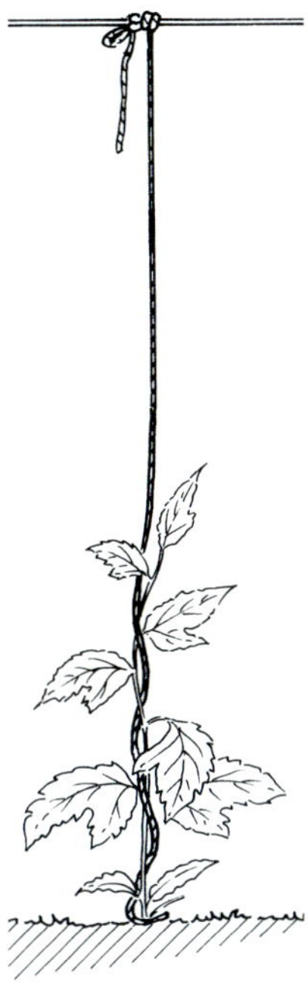

So binden Sie Ihre Tomaten an Schnüren auf

Richtig gießen und düngen: Bewässern Sie Ihre Tomatenpflanzen nach Bedarf – der wiederum ist abhängig von Faktoren wie Witterung, Sorte, Pflanzabstand und Bodenart. Die Erde soll im Wurzelbereich feucht, aber nicht nass sein. Sandige Böden brauchen häufiger einen leichten Guss, lehmigere Böden gießt man seltener, aber durchdringend. Wer nicht selbst ständig mit der Gießkanne hantieren

Zur Info

Vor Kälte schützen

Wer möglichst früh ernten möchte, baut Tomaten im Gewächshaus an.

Tomaten „unter der Haube". Taubildung kann Pilzkrankheiten begünstigen, darum muss gelüftet werden, wann immer es die Witterung zulässt

Das Gewächshaus braucht aber große Lüftungsöffnungen, denn zu hohe Temperaturen schädigen die Pflanzen genauso wie zu tiefe. So wichtig der Schutz vor Kälte im Frühjahr und Herbst ist, im Sommer muss das Gewächshaus viel frische Luft hineinlassen können.

Wer kein Gewächshaus hat, aber dennoch früh pflanzt, kann sich in kalten Nächten mit speziellen Folienhauben aus dem Gartencenter behelfen. Sie werden bei Kältegefahr einfach über die Pflanzen gestülpt. An heißen Tagen müssen sie aber unbedingt abgenommen werden, um Hitzeschäden und Schwitzwasserbildung zu vermeiden. Zusätzlich kann man mit einer schwarzen Mulchfolie für warme Füße sorgen (Gartenfachhandel).

möchte, kann die Bewässerung automatisieren. Sehr gut eignen sich Tropfbewässerungen, denn da gelangt das Wasser direkt an die Wurzeln, der Boden zwischen den Pflanzen bleibt trocken. Das wiederum hat den Vorteil, dass auch die Luft im Pflanzenbereich trockener bleibt, und ein trockenes Klima schützt die Pflanze vor Pilzkrankheiten. Den Gießvorgang kann man je nach System durch Auf- und Abdrehen des Wasserhahns, über eine Zeitschaltuhr oder über einen Feuchtigkeitsfühler auslösen.

Einen guten Teil der Nährstoffe haben wir unseren Tomaten bereits bei der Pflanzung in Form von Kompost oder Dünger gegeben. Im weiteren Wachstumsverlauf können wir entweder mehrmals einen organisch-mineralischen Volldünger verabreichen (50 bis 80 g pro m^2 im Abstand von vier und acht Wochen zur Pflanzung), oder wir geben alle ein bis zwei Wochen einen Flüssigdünger zu unserem Gießwasser hinzu. Die obigen Düngeempfehlungen sind allerdings sehr vereinfacht, denn eigentlich kommt es auf den generellen Nährstoffgehalt des Bodens, die Tomatensorte, den Pflanzabstand und ähnliche Faktoren an. Eine Bodenuntersuchung im zeitigen Frühjahr kann Aufschluss über den Nährstoffgehalt des Bodens geben (Adressen Seite 77). Für etwa 20 DM bekommt man meistens auch noch eine Düngungsempfehlung. Alle paar Jahre sollte man seinem Gemüsegarten eine Bodenuntersuchung gönnen.

Eine Tropfbewässerung spart nicht nur Wasser. Sie sorgt auch für ein trockeneres Gesamtklima, das die Gefahr von Pilzkrankheiten deutlich reduziert

Vorsicht! Auch Flüssigdünger sollten Sie nicht zu stark konzentrieren. Beachten Sie die Angaben auf der Packungsbeilage

Mindestens so wichtig wie akkurate Düngungsanweisungen ist das genaue Beobachten der Pflanzen. Hellgrüne Blätter weisen daraufhin, dass die Pflanze einmal wieder etwas Proviant braucht: Düngen Sie dann zwei- bis dreimal im Abstand weniger Tage flüssig. Dunkelgrüne, dicke Blattschöpfe zeigen, dass vorübergehend Abspecken angesagt ist – Sie düngen dann am besten eine Zeitlang gar nicht mehr.

Zur Info

Düngen oder nicht düngen?

Je nach Symptomen sollte man eine Zeitlang nicht düngen beziehungsweise bei Unterernährung mit einem schnell wirkenden Flüssigdünger helfen.

Überdüngung erkennt man an dunkelgrünen, „mastigen" Pflanzen, deren obere Blätter schopfartig nach unten eingebogen sind. Unterernährte Pflanzen haben schwaches, hellgrünes Laub und wachsen schlecht.

Sorten und Anbau

Zur Info

Tomaten – gute Nachbarn im Beet

Tomaten vertragen sich mit vielen Pflanzen. Darum kann man sie sehr gut in Mischkultur auf Hoch- und Hügelbeeten, in Bodenbeeten, Balkonkästen oder Kübeln pflanzen.

Tomatenernte im gemischten Hochbeet: Tomaten sind hinsichtlich ihrer Nachbarn nicht allzu wählerisch, vorausgesetzt sie erhalten genügend Licht, Wasser und Nährstoffe

Gute Nachbarn sind beispielsweise Radieschen, Spinat, Rote Bete, Rettich, Pflücksalat, Petersilie, Knoblauch, Basilikum, Borretsch, Rosmarin und Kapuzinerkresse. Sehr hübsch sehen Tomaten auch mit einer Unterpflanzung aus Sommerblumen wie Tagetes, Lobelien oder gelbem Gänseblümchen (Thymophylla) aus.

Weniger gut sollen sich Tomaten mit Gurken, Fenchel und Erbsen vertragen. Auch in die Nähe von Kartoffeln setzt man sie lieber nicht, damit sie sich dort nicht mit der Kraut- und Braunfäulekrankheit anstecken. Aber in der Regel sind Tomaten beliebte Nachbarn.

Gute Bestäubung bringt viele Früchte: Ein Tomaten-Blütenstand besteht aus bis zu 25 Einzelblüten. Nur ausreichend befruchtete Blüten bilden die Früchte voll aus.

Die gelben Blüten der Tomate sind zwittrig, das heißt sie haben jeweils männliche und weibliche Blütenorgane in einer Blüte. Meistens werden die Blüten vom eigenen Blütenpollen befruchtet, denn bereits vor dem eigentlichen Aufblühen ist der Pollen befruchtungsfähig.

Im Erwerbsgartenbau werden im Gewächshaus Hummelvölker zur Bestäubung eingesetzt, denn durch den sehr frühzeitigen Anbau bleiben die Gewächshausfenster meistens noch geschlossen

Durch Schütteln der Pflanzen ein- bis zweimal die Woche – jeweils kurz vor Mittag – kann man die Bestäubung fördern. Das ist besonders in Gewächshäusern zu empfehlen, bei denen wegen der Witterung die Fenster geschlossen sind und mehr oder weniger Windstille herrscht.

Kontinuierlich pflegen: In der Wachstumsphase wird die Tomate einmal pro Woche kontrolliert, ob sie genug Halt hat, und bei Bedarf weiter aufgebunden. Tomaten bilden in den Blattachseln Seitentriebe. Spätestens wenn diese etwa 10 cm lang sind, werden sie ausgebrochen. Bei kompakt wachsenden Buschtomaten ist diese Pflegemaßnahme in der Regel allerdings nicht notwendig.

Auch kranke und verfärbte Blätter werden regelmäßig entfernt, ebenso die untersten Blätter, jedoch nie oberhalb der untersten Traube, damit die Früchte nicht der prallen Sonne ausgesetzt werden.

Das abgeschnittene Pflanzenmaterial wird sofort aus dem Gewächshaus entfernt, um eine mögliche Krankheits- oder Schädlingsübertragung zu vermeiden. Der beste Zeitpunkt für das Ausgeizen und Entblättern der Tomatenpflanzen ist der frühe Nachmittag an sonnigen Tagen.

Geiztriebe werden ausgebrochen, sobald man sie gut mit den Fingern greifen kann

Gewächshauspflanzen werden drei Blätter über der siebten bis achten Traube geköpft, Freilandpflanzen bereits nach der fünften bis sechtsen Traube. Mehr Früchte kann die Tomatenpflanze in unseren Sommermonaten nicht bis zur Reife bringen.

Ernten und lagern: Endlich ist es soweit – Sie können die Früchte Ihrer Arbeit und Pflege genießen! Wer das Erntegut gleich verwertet, der erntet natürlich vollreif. Nur wer länger lagern muss oder einen säuerlichen Geschmack bevorzugt, erntet etwas früher. Die Fruchtstiele haben kurz hinter den Kelchblättern eine „Sollbruchstelle". Durch Druck an dieser Stelle wird die Frucht von der Traube getrennt. Unreif geerntete Früchte werden am besten bei 22 bis 27 °C nachgereift.

Licht spielt für die Nachreife keine Rolle, die Temperatur allerdings schon: Grüne Früchte können nicht mehr nachgereift werden, wenn sie bei Temperaturen unter 10 °C gelagert wurden.

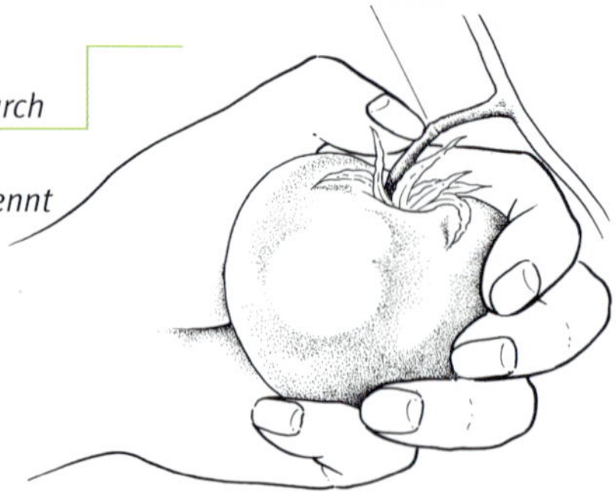

Die Tomate wird durch Druck auf die Sollbruchstelle abgetrennt

Gesunde Pflanzen

Pflanzen können krank oder von Schädlingen befallen werden. Zwar haben Pflanzen auch eigene Abwehrmechanismen. Je nach Standort, Klima- oder Bodenverhältnissen sind diese aber mehr oder weniger wirksam. Das Wichtigste, was wir für unsere Tomaten tun können ist, sie dorthin zu pflanzen, wo sie sich wohl fühlen, nämlich an einen warmen, vollsonnigen Platz im Garten oder auf dem Balkon bei gleichzeitig viel frischer Luft. Wer ihnen auch noch einen lockeren, humosen Boden und dazu noch einen Regenschutz bieten kann, hat schon sehr viel für die Gesundheit seiner Tomaten getan.

Sehr gesundheitsfördernd ist es außerdem, die Tomaten bedarfsgerecht zu ernähren, also sie weder zu überdüngen noch verhungern zu lassen. Vorsicht ist auch bei Stallmist, Gartenkompost und organischen Düngern aus dem Gartenfachhandel geboten. Mit ihnen ist – genauso wie mit Mineraldüngern – eine Überdüngung möglich, wenn auch nicht ganz so schnell.

Krankheiten vorbeugen: Was man bei Tomaten unbedingt vermeiden sollte, sind kalte, nasse Füße. Wenn zuviel Wasser sämtlichen Sauerstoff aus dem Bodenraum verdrängt, leiden die Wurzeln und damit die ganze Pflanze. Zuviel Nässe und schlechte Bodenstruktur im Wurzelraum fördern auch verschiedene bodenbürtige Pilze und Bakterienkrankheiten wie **Korkwurzelkrankheit**, **Stängelgrundfäulen** oder **Verticillium-Welke**.

Bedarfsgerechtes Gießen ist die Lösung. Da der Wasserbedarf der Pflanzen stark temperaturabhängig ist, muss in warmen Perioden viel und darf in kühlen Perioden kaum gegossen werden. Hier sollten Sie vorausschauend handeln und bereits vor kühlen Perioden nur vorsichtig gießen, um der Pflanze eine Woche im Fußbad zu ersparen. Auch sollten Sie berücksichtigen, dass der Wasserbedarf bei windigem Wetter höher ist als bei Windstille.

Wenn man gezielt in den Wurzelbereich gießt, breitet sich das Wasser zwiebelförmig nach unten aus. Oberirdisch wirkt die Erde trocken, aber unterirdisch sind die Wurzeln dennoch gut versorgt. Der Vorteil dabei ist, dass auch die Luft oberhalb des Bodens trockener bleibt, was die Taubildung vermindert. Das wiederum ist für Tomaten sehr gut, denn auf trockenen Blättern können sich keine Pilzkrankheiten ansiedeln. Trockene Blätter sind weitaus weniger anfällig für **Kraut- und Braunfäule**, **Samtfleckenkrankheit** und andere Pilzkrankheiten.

Kraut- und Braunfäule an Tomatenfrüchten. Die Infektion kann von benachbarten Kartoffelfeldern ausgehen. Die Sporen werden vom Wind herangetragen und können sich auf einer feuchten Pflanzenoberfläche ausbreiten

Mit der Natur arbeiten: In der Natur gibt es keine keim- oder schädlingsfreien Zonen, und auch im Garten lassen sich auf Dauer keine schaffen. Aber Sie können mit der Natur arbeiten und dafür sorgen, dass Krankheitserreger ungefährlich bleiben und Schädlinge keinen Schaden anrichten. Es wird immer Krankheitskeime im Boden oder Schädlinge in der Umgebung geben; wenn wir jedoch den Anbauplatz jedes Jahr wechseln, können sich die auf Tomaten spezialisierten Krankheitserreger und Bodenschädlinge (beispielsweise Nematoden) nicht im Boden vermehren.

Gesunde Tomaten – Erste Hilfe bei Krankheiten und Schädlingen

Schädlinge	***Wie erkennen?***	***Was tun?***
Weiße Fliege	*Erwachsene Tiere sehen aus wie kleine, weiße Motten, Larven ähneln winzigen Eiern. Beide meist auf der Blattunterseite.*	*Beleimte Gelbtafeln aufhängen, nützlingsschonende Präparate anwenden (Kaliseife-Präparate, Gartenfachhandel), Schlupfwespe (Encarsia formosa) ausbringen (Bestellgutscheine im Gartenfachhandel).*
Blattläuse	*Gelbe, grüne oder rote Insekten mit und ohne Flügel, meist in Kolonien an Blättern, Trieben und Blüten.*	*Über- oder Unterernährung der Pflanzen vermeiden, Schlupfwespe (Aphidius), Florfliege oder Gallmücken ausbringen (Gutscheine im Gartenfachhandel), nützlingsschonende Präparate anwenden (Kaliseife-Präparate, Gartenfachhandel).*
Nematoden (Fadenwürmer)	*Die Pflanzen kümmern, an den Wurzeln findet man Verdickungen, in denen die winzigen Fadenwürmer leben.*	*Wichtigste Maßnahme: der jährliche Wechsel des Tomatenstandortes. Widerstandsfähig gegen Nematoden sind veredelte Tomaten, sowie viele der neuen Sorten wie 'Evita F1', 'Master F1', 'Myrto F1', 'Vitella F1' und 'Picolino F1'.*
Blatt- und Fruchtkrankheiten		
Kraut- und Braunfäule	*Blätter, Triebe und Früchte bekommen braune Flecken, die Pflanze stirbt ab.*	*Blätter und Früchte vor Nässe (auch Taubildung) schützen, nicht in die Nähe von Kartoffeln pflanzen, widerstandsfähige Sorten wählen (siehe Kasten Seite 37).*
Samtfleckenkrankheit	*Krankheit an Gewächshaustomaten; Blätter oberseits gelblich gefleckt, unterseits brauner, samtartiger Belag.*	*Häufig lüften, kranke Blätter sofort entfernen. In Gewächshäusern mit schlechter Lüftung resistente Sorten anbauen (C5-Resistenz), z.B. 'Picolino F1', 'Goldita F1'.*
Welkekrankheiten		
Korkwurzelkrankheit, Verticillium-Welke, Fusarium-Welke, Didymella-Stängelgrundfäule	*Die Pflanzen welken, da Wurzeln und Leitungsbahnen nicht mehr funktionieren.*	*Tomaten nur alle 3 bis 4 Jahre an den gleichen Platz pflanzen, nicht zu stark gießen, veredelte Tomaten anbauen, resistente Sorten wählen, z.B. 'Picolino F1'.*

Gegen Kraut- und Braunfäule

Die Kraut- und Braunfäule-Krankheit ist die derzeit am meisten gefürchtete Tomatenkrankheit beim Hobbygärtner. Typisches Kennzeichen sind Verbräunungen an Stängeln, Blättern und Früchten.

Kraut- und Braunfäule wird von dem Pilz *Phytophthora infectans* hervorgerufen. Ist die Krankheit ausgebrochen, gibt es keine Bekämpfungsmöglichkeit mehr. Meist sterben die Freilandtomaten nach einer regenreichen Woche im August schlagartig ab. Da es sich um eine Pilzkrankheit handelt sind zwei Faktoren nötig, damit sie sich ansiedeln kann: Feuchtigkeit auf den Blättern und die Anwesenheit der Pilzsporen.

Schlechte Belüftung des unteren Stängelbereichs begünstigt den Ausbruch der Kraut- und Braunfäule. Mit der richtigen Strategie braucht man aber keine Angst davor zu haben

Mit dem folgenden Maßnahmenkatalog hat die Krankheit bei Ihren Tomaten wenig Chancen:

- *Ausreichend großen Pflanzenabstand wählen, damit die Pflanze schnell abtrocknen kann*
- *Tomatenpflanzen von oben Regenschutz geben*
- *Niemals über das Laub gießen*
- *Taubildung vorbeugen: gezieltes Gießen in den Wurzelbereich*
- *Vorsicht vor Spritzwasser! Mulchfolie oder Strohmulch verhindern, dass Krankheitserreger vom Boden an die oberirdischen Pflanzenteile gespritzt werden*
- *Viel Luft an die Pflanzen lassen: windoffenen Standort wählen beziehungsweise große Lüftungsöffnungen bieten*
- *die Pflanzen regelmäßig ausgeizen (Triebe aus den Blattachseln entfernen), damit die Luft besser zirkulieren kann*
- *Entblättern von unten (nur bis unter die zu beerntende Traube)*
- *Widerstandsfähigere Sorten wählen, zumindest beim Anbau ohne Dach: 'De Berao', 'Estrella F1', 'Myrto F1', 'Tigerella', 'Vitella F1' oder 'White Wonder'. Völlig resistente Sorten gibt es jedoch derzeit noch nicht.*
- *Tomaten nicht nach Tomaten anbauen, sondern jedes Jahr den Standort wechseln*
- *Tomaten nicht nach Kartoffeln anbauen (von Kartoffeln wird die Krankheit übertragen)*
- *Tomaten nicht neben Kartoffeln anbauen (die Pilzsporen werden von kranken Kartoffeln mit dem Wind verbreitet)*
- *Kranke Blätter oder Früchte sofort entfernen*
- *Möglichst kein krankes Pflanzenmaterial auf den Kompost geben*
- *Nur gut verrotteten Kompost verwenden*
- *Werkzeuge, Tomatenspiralen und Stäbe nach der Gartensaison sorgfältig mit heißem Wasser und Spülmittel reinigen*
- *organische Bindematerialien, die man nicht reinigen kann, nach Gebrauch wegwerfen.*

Säubern Sie nach Gebrauch Ihre Tomatenstützen und das Bindematerial, Werkzeuge und Gefäße gründlich und heiß – so können Erreger nicht auf die Jungpflanzen des nächsten Jahres übertragen werden. Fördern wir die natürlichen Feinde der Schädlinge – indem wir zum Beispiel frühlingsblühende Pflanzen im Garten haben und auf breitenwirksame Insektizide im Garten verzichten – dann können Schädlinge nicht Überhand nehmen.

Ist der Befall noch nicht zu hoch, funktioniert bei Tomaten an geschützten Standorten der gezielte Einsatz von Nützlingen sehr gut. Verschiedene Nützlingszüchter bieten Florfliegen und Schlupfwespen gegen Blattläuse sowie Schlupfwespen gegen die Weiße Fliege an. Eine Packung kostet etwa 15 bis 20 DM. Der Nützlingseinsatz ist absolut unschädlich für den Anwender und die Pflanze, eine Anwendung reicht meist für die ganze Saison. Ist der Befall schon weiter fortgeschritten, kann man auch zunächst ein nützlingsschonendes Präparat anwenden und danach Nützlinge ausbringen.

Tomaten setzen Akzente auf Balkon und Terrasse

Tomaten sind nicht nur ein schmackhaftes Gemüse, sondern sehen mit ihrem dunkelgrünen, gefiederten Laub, aus dem die Früchte hervorleuchten, auch sehr hübsch aus. Daher bietet es sich geradezu an, sie auf Terrasse und Balkon anzubauen.

Tomaten vertragen sich gut mit vielen anderen Sommerblumen oder Kräutern

Sollte es doch einmal soweit kommen und Ihre Tomaten werden befallen: Gegen Schädlinge gibt es heute im Gartenfachhandel eine Reihe von umweltgerechten Präparaten auf Kaliseife-Basis

Wer keinen Garten hat, muss auf Tomaten aus dem eigenen Anbau nicht verzichten: Sie lassen sich gut in Kübeln und Kästen kultivieren. Man kann sie auch sehr dekorativ mit anderen Gemüsen, Kräutern und Sommerblumen kombinieren

Eine nach Südosten, Süden oder Südwesten gelegene Terrasse bietet meist ideale Bedingungen für die Tomaten. Hier haben sie viel Sonne und gleichzeitig einen Schutz vor kalten Nächten im Frühjahr und im Herbst, denn das Gebäude gibt Wärme ab. Baut man die Tomaten unter dem Dachvorsprung an, schützt man sie gleichzeitig vor Regen und Pilzkrankheiten.

Tomaten kann man auch in Balkonkästen, Töpfen und Kübeln aus Kunststoff, Ton und anderen Materialien pflanzen. Wichtig ist, dass das Gefäß unten ein oder mehrere Abzugslöcher hat. So kann, nach einem Regen oder wenn man es mit dem Gießen versehentlich einmal zu gut gemeint hat, das überschüssige Wasser ablaufen. Als Pflanzerde eignen sich Blumenerden, wie man sie überall im Gartenfachhandel kaufen kann oder lockere, humose Mischungen aus eigener Herstellung. Dabei sollte Kompost maximal ein Drittel der Mischung ausmachen.

Tomaten in Balkonkästen und Blumenampeln: Die kleinwüchsigen Buschtomatensorten wie 'Balkonstar', 'Gnom F1' , 'Patio F1', 'Red Robin', 'Minibel' und 'Phyra' lassen sich wunderbar in bunt gemischte Balkonkästen pflanzen. Kombiniert mit Gewürzen wie Majoran, Basilikum, Borretsch, Thymian, Schnittlauch oder Gemüsen wie kleinwüchsigem Paprika, Peperoni, buntblättrigem Salat oder Pepino bieten sie eine würzig duftende Augenweide, von der man auch noch naschen darf. Ebenfalls attraktiv wirken sie zusammen mit Sommerblumen wie gelb blühenden Sanvitalien, blauen Lobelien oder gelben Gänseblümchen (Thymophylla).

Eines sollte man zur Gesunderhaltung seiner Pflanzen noch beherzigen: Nicht über die Blätter gießen, sondern mittels einer Tülle direkt in den Wurzelbereich

Diese kleinwüchsigen Tomaten sind zudem sehr pflegearm: Man braucht sie nicht auszugeizen wie ihre großen Geschwister, die Stabtomaten. Es genügt, sie ab und zu einmal beim Gießen zu kontrollieren und gelegentlich ein braunes Blatt heraus zu nehmen.

Sogar als Bepflanzungen für Blumenampeln kann man Tomatenpflanzen verwenden. Hierfür sind beispielsweise die Sorten 'Balkonstar', 'Gnom F1', 'Red Robin' (orange), 'Gartenperle', 'Minibel' und 'Phyra' bestens geeignet. Man kann sie einzeln, zu mehreren oder bunt gemischt mit Kräutern und Sommerblumen zu einer dekorativen Ampel zusammenpflanzen und damit auf Balkon oder Terrasse ganz neue Akzente setzen.

Höhere Tomatensorten für Kübelbepflanzungen sind beispielsweise 'Harzfeuer F1', 'Tigerella', 'Goldene Königin', 'Hellfrucht', 'Master F1' (Fleischtomate), 'Sweet 100' (Kirschtomate), 'Yellow Pearshaped' (gelb, birnenförmig), 'Roma' und 'San Marzano' (beides Eiertomaten)

Tomaten im Kübel: Natürlich lassen sich die kleinwüchsigen Sorten nicht nur in Balkonkästen und Hängeampeln, sondern auch sehr gut in Töpfe und Kübel pflanzen. Mit Tomaten und anderen Gemüsen, Kräutern und Sommerblumen in Terrakotta-Gefäßen geben Sie Ihrer Terrasse ein mediterranes Flair. Lieben Sie es eher rustikal oder möchten Sie einem Bauerngarten nachempfinden, dann verwenden Sie Holzgefäße oder Steintröge. Und wenn die Töpfe zu Ihren Korbgartenstühlen passen sollen, dann bieten sich Korbübertöpfe an. Ihren gestalterischen Möglichkeiten sind keine Grenzen gesetzt, denn mit Tomatenpflanzen in den entsprechenden Gefäßen lässt es sich wunderbar gestalten – und das Angebot an Gefäßen ist riesig!

Aber nicht nur die kleinwüchsigen Buschtomaten, auch hoch wachsende Sorten sind in entsprechend größeren Kübeln sehr attraktiv. Die Kübel sollten etwa acht bis zehn Litern Erde Platz bieten. Will man Sommerblumen oder Kräuter unterpflanzen, muss er noch größer sein.

Die hoch wachsenden Tomatensorten benötigen auch im Kübel einen Stab oder ein Gitter, an dem sie aufgebunden werden. In der Regel erzieht man seine Tomaten eintriebig, indem man die in den Blattachseln entstehenden Seitentriebe herausbricht (Ausgeizen). Wenn sich die sechste Blütentraube gebildet hat, kappt man den Haupttrieb der Tomatenpflanze, denn mehr Früchte können in unserem Klima nicht ausreifen; die Pflanze soll ihre Kraft auf die bisher gebildeten Früchte und ihre Entwicklung konzentrieren.

Die oft auch als „Baumtomate“ bezeichnete Sorte 'De Berao' eignet sich gut als Spalierbegrünung

Tomaten am Spalier: Mit Tomaten können Sie sogar Wände oder frei stehende Spaliere begrünen. Dazu verwenden Sie am besten eine stark wachsende Stabtomatensorte und pflanzen sie in einen Kübel, einen Trog oder ins Beet direkt an der zu begrünenden Wand. In diesem Fall können Sie mehrere Seitentriebe wachsen lassen und diese wie den Haupttrieb aufleiten.

Balkontomaten bewässern und düngen: Die Topferde, in der die Tomaten wachsen, sollte feucht, aber nie nass sein. Die Gefäße benötigen eine oder mehrere Abzugsöffnungen, damit überschüssiges Wasser gut ablaufen kann. Bei Verwendung eines Übertopfes oder eines Untersetzers sollte man spätestens 20 Minuten nach dem Gießen das überschüssige Wasser wegschütten. Bei Kübeln, die unten direkt mit dem Abzugsloch auf dem Boden aufliegen, legt man kleine Abstandsklötzchen unter, da das Wasser sonst nicht ablaufen kann. Kübel aus Korb oder Holz faulen leicht auf der Unterseite, auch hier schaffen Klötzchen Abhilfe.

Vermeiden Sie allzu große Schwankungen zwischen trocken und nass – dies könnte unter Umständen zu einem Aufplatzen der Früchte führen

Achten Sie beim Gießen darauf, dass Sie die Blätter nicht mit Wasser benetzen. Fahren Sie mit der Tülle zwischen die Blätter und gießen Sie dann direkt auf die Erde – möglichst nicht an den Stängel!

Einen gewissen Wachstumsproviant haben die Tomaten durch die Pflanzerde erhalten, im weiteren Ver-

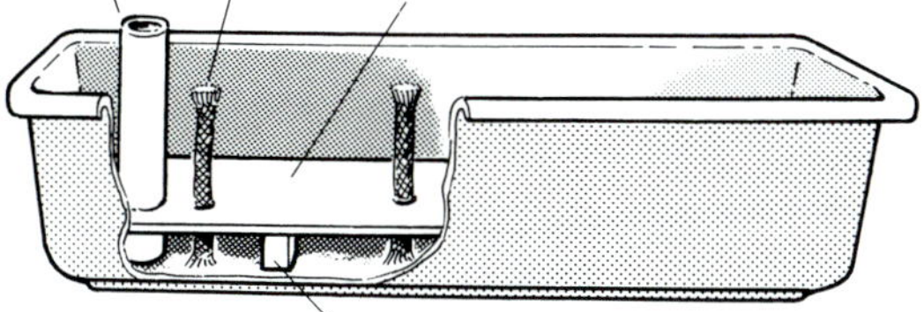

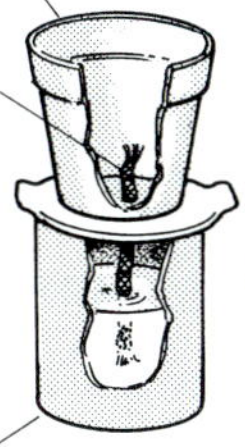

Oben links und rechts: Bei Töpfen und Blumenkästen hat sich die Dochtbewässerung bewährt
Unten: Tropfbewässerungssysteme eignen sich für Bodenbeete

Einrohr-Tropfbewässerungssystem

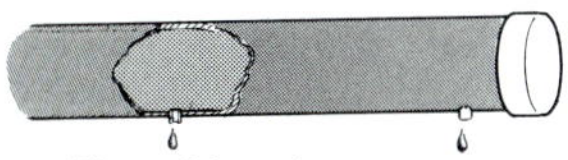

Kapillarschlauch-Tropfbewässerungssystem

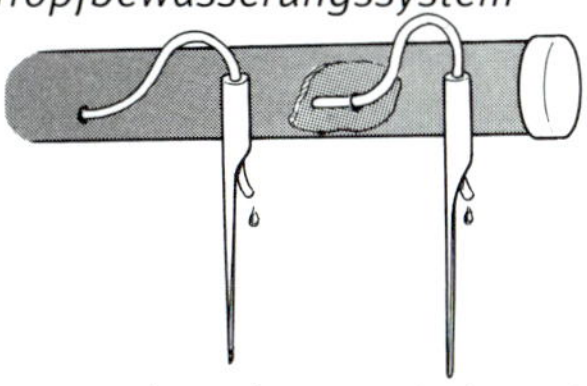

lauf düngen Sie sie am einfachsten mit Flüssigdünger oder einem wasserlöslichen Dünger, den Sie ein- bis zweimal wöchentlich entsprechend der Dosierungsangabe auf der Packung dem Gießwasser beimengen. Orientieren Sie sich dabei eher am unteren Wert. Da die Nährstoffmenge, die die einzelne Pflanze benötigt, von der Sorte und den örtlichen Gegebenheiten abhängt, sollten Sie Ihre Pflanzen ein bisschen beobachten: Werden sie sehr dunkelgrün und mastig, setzen Sie für einige Wochen das Düngen aus oder düngen weniger. Sind sie eher blass und mager, düngen Sie häufiger.

Balkonbewässerung automatisieren: Wer viele Balkon- oder Terrassenpflanzen hat, kennt das mühsame Kannenschleppen im Sommer. Große Erleichterung bringt eine automatische Wasserversorgung. Es gibt beispielsweise Blumenkästen und Topfgefäße mit eingebautem Wasservorratsbehälter. Bewährt haben sich auch verschiedene Tropfbewässerungssysteme, die im Gartenfachhandel zu erhalten sind. Sie können sich auch selbst eine einfache Bewässerungsanlage bauen, indem Sie ihre Töpfe oder Kästen auf ein Gitter oder eine Platte stellen, die über eine mit Wasser gefüllte Wanne gelegt wird. Das Wasser gelangt über einen Docht in die Töpfe. Aufgefüllt wird die Wanne über ein kleines Rohr, das ebenfalls durch die Platte gesteckt wird.

Zur Info

Ausflugsziel für Gartenfreunde

Ein Besuch in Schau- und Lehrgärten lohnt sich für Neulinge und auch für erfahrene Gärtner.

Sehr schöne Demonstrationen zum Thema Anbau im Hobbygarten, Bewässerung und Anbau von Gemüse auf Balkon und Terrasse gibt es in der Kleingartenanlage und dem Schaugarten der Versuchsanstalt für Gartenbau, Am Staudengarten, 85354 Freising. Das dortige Institut für Gemüsebau befasst sich seit Jahren intensiv mit diesen Themen und die Weihenstephaner Besuchergärten sind unbedingt einen Ausflug wert!

Fit und Gesund

Fit und Gesund

Tomaten – voll mit Gesundheit

Nicht nur eine Köstlichkeit sind Tomaten, sondern eine Kostbarkeit zur Förderung der Gesundheit. Mit Hilfe der Wissenschaft können heute Inhaltsstoffe und ihre Wirkungen wesentlich besser untersucht werden. So weiß man inzwischen viel über die wertvollen Bestandteile der Tomate und ihre gesundheitsfördernden Wirkungen – zum Beispiel im Kampf gegen Krebs und Herz-Kreislauf-Erkrankungen. Und da sie kalorienarm sind, helfen sie uns auch zu einer besseren Figur.

Von Wolfspfirsich bis Liebesapfel

Ihr botanischer Name gibt einen Hinweis darauf, dass man bei uns zunächst nicht viel Vertrauen in die Tauglichkeit der Tomate als Nahrungsmittel hatte. Botanisch heißt die Tomate nämlich Lycopersicon lycopersicum oder Lycopersicon esculentum, wobei Lycopersicon Wolfspfirsich heißt und esculentum essbar. Freundlicher klingen da Namen wie Paradiesapfel (Paradeiser) und Liebesapfel (love apple, pomme d'amour), aber auch diese Namen unterstellen der Tomate eher mystische Wirkungen als gesundheitlichen Wert. Doch heute ist man sich einig: Die Tomate ist ein wertvoller Vitamin-, Mineralstoff- und Ballaststofflieferant und dazu auch noch äußerst schmackhaft, gesundheitsfördernd und sehr erfrischend.

Die sekundären Pflanzenstoffe gehören zusammen mit den Ballaststoffen und den Milchsäurebakterien zu den so genannten bioaktiven Substanzen. Es sind Pflanzenschutzstoffe, deren positive Wirkungen auf unsere Gesundheit seit einigen Jahren erforscht werden

Tomaten sind reich an sekundären Pflanzenstoffen, die nach neuesten Untersuchungen neben anderen gesundheitsfördernden Eigenschaften sogar Krebs hemmend wirken

Tomatenfrüchte bestehen aus nur 5 bis 6 % Trockenmasse, der Rest ist Wasser. Trotzdem haben es diese Früchte in sich, denn sie enthalten viele wertvolle Pflanzenstoffe bei gleichzeitig sehr wenig Kalorien. Neben reichlich Vitaminen, Mineralstoffen und Spurenelementen sind es vor allem die sekundären Pflanzenstoffe die in letzter Zeit von sich reden machen: „Gemüse gegen Krebs" und „Tomaten schützen die Prostata" sind die Schlagzeilen, die derzeit Hoffnung machen und bestehende Erkenntnisse untermauern, dass man sich durch die richtige Ernährung vor Krankheiten schützen kann.

Es gibt zigtausend verschiedene Substanzen, die zu den sekundären Pflanzenstoffen gehören. Das sind beispielsweise die Farb- und Aromastoffe wie die Carotinoide (heute auch Karotene genannt) und die Flavonoide. Die sekundären Pflanzenstoffe sind im Gegensatz zu den Hauptnährstoffen, Vitaminen, Mineralstoffen und Spurenelementen zwar auf den ersten Blick nicht essenziell (lebensnotwendig), ihre Wirkung auf unsere Gesundheit ist dennoch nicht zu unterschätzen: Sie verringern das Risiko für Herz-Kreislauferkrankungen und Krebs, sie wirken positiv auf Immunsystem, Blutdruck, Cholesterin- und Blutzuckerspiegel und sie hemmen Entzündungen.

Tomatenpower gegen Krebs: Von den sekundären Pflanzenstoffen der Tomate wurde besonders das Carotinoid Lykopin bekannt, welches zu den wirksamsten Antioxidanzien gehört. Diese Stoffe hemmen zahlreiche Alterungs- und Abbauvorgänge in den Zellen. Sie bremsen auch die Entwicklung von Krebszellen. Durch Kochen der Tomaten wird Lykopin besser für den menschlichen Organismus verwertbar. Es ist daher empfehlenswert, Tomaten sowohl gekocht – in Form von Soßen, warmen Gerichten, Tomatenmark oder Tomatenketchup – als auch roh in seinen Speiseplan aufzunehmen, letzteres vor allem wegen einiger hitzeempfindlicher Vitamine.

Auch im Tomatensaft sind die wertvollen Inhaltsstoffe der Tomate noch enthalten

Die Wissenschaft steht bei der Untersuchung der sekundären Pflanzenstoffe noch am Anfang. Vor allem das Zusammenspiel verschiedener sekundärer Pflanzenstoffe ist noch ein weites Forschungsfeld. Den Wert dieses komplexen Miteinanders kann jedenfalls keine Pille ersetzen.

Stimmungsmacher Tomate: Tomatensaft gilt schon lange als bewährtes Antikatermittel. Die positive Wirkung ist nicht nur auf den Gehalt an Mineralstoffen und B-Vitaminen zurückzuführen. Tomaten enthalten auch Tyramin. Dieser stimmungsaufhellende Stoff wird beim Reifen der Tomate aus Tyrosin gebildet. Bevorzugen Sie also reife Früchte!

Tomaten statt Pillen: Tomaten sind reich an Vitamin A, genauer gesagt an dessen Vorstufe Beta-Carotin. Vitamin A ist ein lebenswichtiges Vitamin. Ein Mangel an Vitamin A kann zu Funktionsstörungen von Haut und Schleimhäuten führen. Beispielsweise kann Nachtblindheit ein Zeichen für Vitamin-A-Mangel sein. Ein erwachsener Mensch hat laut Empfehlung der Deutschen Gesellschaft für Ernährung einen täglichen Bedarf von etwa 0,8 bis 1,0 mg dieses fettlöslichen Vitamins. Damit es im Körper seine Wirkung entfalten kann, sollte man immer ein wenig Fett zu Tomaten essen, beispielsweise etwas Öl in die Salatsoße geben oder zu Tomaten einen Jogurt-Dip, Oliven oder Avocados ser-

Was steckt in der Tomate?

100 g essbarer Anteil enthalten	Tomaten roh	Tomatenmark (gesalzen)	Tomaten in Dosen	Tomatensaft
Kalorien	17–21 kcal	39–50 kcal	19–21 kcal	17 kcal
Eiweiß	1,1 g	2,3 g	1,1 –1,2 g	0,8 g
Fett	0,2 g	0,5 g	0,2 g	0,1 g
Kohlenhydrate	2,6–3,7 g	5,5–9 g	2,7–3,6 g	2,9 g
Ballaststoffe	1,0–1,4 g	0,5 g	k. A.	0,1 g
Natrium	3–6 mg	580–590 mg	5–9 mg	5 mg
Kalium	242–270 mg	1.160 mg	193–204 mg	230 mg
Kalzium	9–13 mg	60 mg	27 mg	15 mg
Phosphor	18–27 mg	34 mg	11 mg	15 mg
Magnesium	14 mg	32 mg	13 mg	9,5 mg
Eisen	0,5–0,6 mg	k. A.	0,5 mg	0,6 mg
Vitamin A	84–133 µg	207 µg	102 -117 µg	90 µg
Vitamin E	0,8 mg	k. A.	k. A.	k. A.
Vitamin B1	0,06 mg	0,09 mg	0,05–0,06 mg	0,05 mg
Vitamin B2	0,04 mg	0,06 mg	0,03–0,04 mg	0,04 mg
Niazin	0,5 mg	1,5 mg	0,7 mg	0,7 mg
Vitamin C	24–25 mg	9 mg	17–18 mg	17 mg
Lykopin (Carotinoid)	11,4 mg	8,6 mg	k. A.	k. A.
Querzetin (Flavonoid)	0,8 mg	k. A.	k. A.	k. A.

1 mg = 0,001 g (1 Tausendstel Gramm), 1 µg = 0,001 mg (1 Tausendstel Milligramm), k. A.= keine Angaben. Nach: Elmadfa u.a. (1999)

vieren. Vitamin A kann im Körper gespeichert werden. Weil eine Überdosierung ebenfalls gesundheitsschädlich ist, sollte man auf die Einnahme von Vitamin-A-Präparaten verzichten. Eine Überdosierung an Vitamin A durch übermäßigen Genuss von Tomaten ist hingegen nicht möglich. Nur wer sehr häufig Innereien wie Leber isst, kann über die Nahrung zu viel Vitamin A aufnehmen.

Tomaten sind außerdem reich an Vitamin C. Vitamin C wirkt wie Vitamin E und Beta-Carotin antioxidativ das heißt, es fängt schädliche Radikale ein und schützt damit die Zellen. Außerdem hat Vitamin C Bedeutung für das Immunsystem und die allgemeine Leistungsfähigkeit. In 100 g Tomatenfrucht sind 24 bis 25 mg Vitamin C und 0,8 mg Vitamin E enthalten. Der Tagesbedarf eines Erwachsenen liegt bei etwa 100 mg Vitamin C und 12 mg Vitamin E pro Tag.

Im Gegensatz zu Vitamin C wird überschüssiges Vitamin A im Körper gespeichert und nicht ausgeschieden

Zu den Pflanzenstoffen, die dem Zellschutz dienen, gehört auch das Selen. Etwa 1 µg davon sind in 100 g Frischtomate enthalten.

Die Angaben in nebenstehender Tabelle dienen nur als Richtwerte. Es wird dabei von einer täglichen Kalorienzufuhr von etwa 2000 kcal ausgegangen. Bei einem höheren Kalorienbedarf, beispielsweise aufgrund körperlicher Tätigkeit, ist der Bedarf entsprechend höher.

Tomaten enthalten auch viel Folsäure (etwa 45 µg pro 100 g Frischfrucht). Der Tagesbedarf eines Erwachsenen beträgt etwa 400 µg. Vor allem älteren Menschen mangelt es häufig an Folsäure. Dieser wichtige Stoff hilft bei der Zellneubildung und Reparatur. Ein Mangel an Folsäure führt zu Blutarmut. Personen, die Medikamente einnehmen, viel Alkohol trinken oder viel Fleisch essen, haben einen erhöhten Folsäurebedarf, der unter anderem durch Tomaten gedeckt werden kann.

Das auch in Tomaten enthaltene Chrom (5 µg pro 100 g Frischtomate) ist vor allem für Menschen wichtig, die häufig Süßigkeiten essen, da es am Kohlenhydratstoffwechsel beteiligt ist. Zwar lässt sich der Tagesbedarf von 30 bis 100 µg Chrom nicht alleine über Tomaten decken, aber immerhin ein Teil davon. Die übrigen Zutaten eines Tomatengerichts (beispielsweise Pilze, Muscheln, Fisch, Reis oder Getreideprodukte) können weitere wertvolle Stoffe liefern.

Die schmackhaften, roten Früchte enthalten außerdem Kalium, Mangan, Magnesium, Eisen und Kupfer. Kalium reguliert im Zusammenspiel mit Natrium und Chlorid die Gewebespannung. Natrium und Kalium sind unentbehrlich für die Reizleitung der Nerven auf die Muskeln. Kalium aktiviert zudem Enzyme, die am Kohlenhydratabbau und den Energiegewinnungsprozessen beteiligt sind. Mangan ist Bestandteil vieler Enzyme. Magnesium wiederum aktiviert Enzyme und wirkt bei der Erregungsübertragung von Nerven auf den Muskel und bei der Muskelkontraktion mit. Eisen ist ein Baustein von Hämoglobin (Blutfarbstoff) und Myoglobin (Muskelfarbstoff) und bindet Sauerstoff, der so vom Blut transpor-

Wieviel am Tag? Schätzwerte für den Tagesbedarf eines Erwachsenen

Eiweiß	*55–65*	*g*	*Panthothensäure*	*6*	*mg*
Fett	*55–65*	*g*	*Biotin*	*30–60*	*µg*
Kohlenhydrate	*275–300*	*g*	*Kalium*	*2000*	*mg*
Vitamin A	*0,8–1,0*	*mg*	*Kalzium*	*800–1200*	*mg*
Vitamin E	*12*	*mg*	*Magnesium*	*300–400*	*mg*
Vitamin B1	*1,1–1,4*	*mg*	*Eisen*	*10–15*	*mg*
Vitamin B2	*1,5–1,7*	*mg*	*Zink*	*7–10*	*mg*
Niazin	*13–17*	*mg*	*Mangan*	*2,0–5,0*	*mg*
Vitamin C	*100*	*mg*	*Chrom*	*30–100*	*µg*
Folsäure	*400*	*µg*	*Selen*	*30–100*	*µg*

Quelle: Deutsche Gesellschaft für Ernährung (www.dge.de)

Weil Tomaten so vielseitig sind, lassen sie sich leicht in einen abwechslungsreichen Speiseplan einbauen

Ganz neu ist, dass Tomaten auch gegen Thrombosen wirken. Dies wird einem Stoff namens P3 zugeschrieben, der in der Flüssigkeit enthalten ist, die die Kerne umgibt

tiert werden kann. Eisen ist auch Bestandteil vieler Enzyme. Zur Verbesserung der Resorption von Eisen sollten eisenhaltige Lebensmittel immer zusammen mit Vitamin-C-reichen Produkten verzehrt werden. In Tomaten hat man gleich beides beisammen.

Besser mit Schale? Obwohl die Tomatenschale für manche Menschen schwer verdaulich ist, hat sie doch bei den meisten gesunden Menschen eher eine positive Wirkung auf die Verdauung. Viele der wertvollen Inhaltsstoffe wie die Flavonoide, die ebenfalls zu den sekundären Pflanzenstoffen gehören, befinden sich direkt unter der Schale in den Randschichten. Darum sollte man die Schale möglichst selten entfernen.

Zur Info

Wie wirken Tomaten auf unsere Gesundheit?

- *Appetit anregend*
- *Entgiftend*
- *Entwässernd*
- *Erfrischend bei Erkältungen*
- *Verdauungsfördernd, milde abführend, Stuhl auflockernd*
- *Cholesterin senkend*
- *Schützend für Herz- und Kreislauf*
- *Immunsystem stärkend*
- *Zellen schützend, gegen Krebs schützend*
- *Hilfreich bei Gicht, Leber- und Nierenleiden*
- *Anregend für Bauchspeicheldrüse, Leber und Magen*
- *Gegen Thrombosen*

Keine Angst vor Solanin! Solanin (auch Solanidin genannt) ist ein giftiges Alkaloid, welches in grünen Pflanzenteilen von Tomate und Kartoffel vorkommt. Allerdings muss man schon größere Mengen unreifer, grüner Tomatenfrüchte verzehren, bevor es zu Vergiftungssymptomen kommt. Typische Beschwerden sind Brennen und Kratzen im Hals, Magenbeschwerden, Kopfschmerzen, Brechreiz, Durchfall und Sehstörungen. Das Alkaloid wird beim Kochen nicht zerstört. Nur bei der Reifung der Tomatenfrucht wird es chemisch umgewandelt.

Solaningehalte unter 20 mg pro 100 g Frischsubstanz gelten als nicht gesundheitsschädigend. Ab einer Dosis von etwa 25 mg Milligramm wirkt Solanin toxisch, ab 400 mg tödlich. In grünen, unreifen Tomaten finden sich etwa 1 bis 32 mg Solanin pro 100 g Frischfrucht. Die Streubreite ist also sehr hoch, deshalb ist es schwierig, allgemein gültige Regeln zum Verzehr von grünen Tomaten aufzustellen. Während des Reifens und Wachsen der Früchte wird die Solaninkonzentration immer niedriger. In reifen Früchten ist Solanin kaum noch nachweisbar.

Die Bayerische Landesanstalt für Ernährung in München untersuchte das Verhalten des Solanins bei verschiedenen Verarbeitungsmethoden von grünen Tomaten und fand dabei heraus, dass bei der Konfitürenherstellung der Solaningehalt in mg pro

'Grünes Zebra', eine Cocktailtomate, hat grün-gelb gestreifte Früchte

100 g Endprodukt gegenüber der grünen Tomatenfrucht um 35 % abnahm. Das Solanin wurde gewissermaßen verdünnt, da weitere Zutaten zugefügt wurden. Bei süßsauren Konserven reduzierte sich der Solaningehalt nur um 10 %, während er bei milchsauer eingelegten Tomaten nach abgeschlossener Gärung um 35 % niedriger war.

Folgende Ratschläge sollten Sie beachten, wenn Sie grüne Tomaten zubereiten:

- Die grünen Teile um den Stielansatz bei Tomaten immer ausschneiden
- Konfitüre aus grünen Tomaten sowie milchsauer eingelegte Tomaten in kleinen Mengen verwenden
- Bei der süßsauren Konservierung grüner Tomaten wird durch die sorten- und entwicklungsbedingte Streubreite des Solaningehaltes der bedenkliche Bereich eher erreicht. Je reifer und größer die Früchte sind, desto niedriger wird der Solaningehalt des Endproduktes. Daher eher reife Früchte konservieren
- Gebratene grüne Tomaten (Südstaaten-Art) nur aus möglichst weit gereiften Tomaten, selten und in kleinen Mengen konsumieren.

Schlankmacher Tomate: Ist einmal wieder abspecken angesagt? Mit ganzen 17 kcal pro 100 g Frischfrucht ist die Tomate ein idealer Bestandteil der schlanken Küche. Zu einer figurbewussten und gleichzeitig gesunden Ernährung gehören Nahrungsmittel mit einer hohen Nährstoffdichte. Auch in dieser Hinsicht passt die Tomate sehr gut in ein empfehlenswertes Ernährungskonzept, denn sie hat zwar wenig Kalorien, aber viele Vitamine, Mineralien, Spurenelemente und sekundäre Pflanzenstoffe. Vor allem kann man aus ihr unendlich viele verschiedene schmackhafte und gleichzeitig kalorienarme Gerichte zubereiten, so dass niemand auf Gaumengenüsse verzichten muss, um schlanker zu werden.

Nähere Informationen unter www.diaetindex.de im Internet. Einen Schlankheitskurs und Erfahrungsaustausch mit anderen finden Sie bei www.tinto.de/xxl/

Wer abnehmen möchte, hat die besten Erfolgsaussichten, wenn er kleine, aber wirksame Veränderungen in seiner Ernährung vornimmt. Da die meisten von uns zuviel Fett zu sich nehmen – zuviel Butter, Wurst, Pommes, Croissants, Schokolade, fettes Fleisch oder fetten Käse – bietet es sich

1 g Fett hat mit 9 kcal doppelt soviel Kalorien wie 1 g Eiweiß oder 1 g Kohlenhydrate. Ersetzen Sie also am besten einen Teil der fettreichen Nahrungsmittel durch Schmackhaftes aus Tomaten!

an, beim Fett zu sparen und einen Teil der fetthaltigen Nahrungsmittel durch Fettarmes – zum Beispiel aus Tomaten – zu ersetzen.

Wer zu seinen Nudeln statt einer Käse-Sahne-Soße eine fruchtig frische Tomatensoße isst, ist hinterher trotzdem satt und hat gleichzeitig eine Menge Fett und Kalorien gespart. Ein erfrischender Tomatensalat oder eine Tomatensuppe können manchmal eine Mahlzeit ersetzen; vor dem Hauptgang füllen sie bereits den Magen etwas vor, so dass man von den kalorienhaltigeren Menübestandteilen weniger isst. Wer pro Tag 30 g Fett einspart, spart damit täglich 270 kcal. Nach 100 Tagen sind das immerhin 27 000 kcal oder 3 kg Körperfett, die man ohne Mühe verloren hat. Wer gleichzeitig noch etwas mehr Bewegung in sein Leben einbaut, kann den Fettverlust wesentlich beschleunigen und tut gleichzeitig noch etwas für seine Gesundheit, stärkt sein Selbstbewusstsein und Wohlbefinden.

Dass Crashdiäten nicht dauerhaft schlank machen, beweisen die vielen Übergewichtigen, die meist unzählige Diäten hinter sich haben und nach jeder Diät dicker wurden. Das Problem sind nicht die Dicken, sondern die Diäten. Lassen Sie Crashkuren und Wundermittel lieber links liegen.

Nehmen Sie kleine Veränderungen im Alltag vor, damit haben Sie

Zur Info

Schlank mit Tomaten

Mit ein paar kleinen Veränderungen in der täglichen Ernährung kann man bereits einen erheblichen Anteil Fett aus der Speisekarte entfernen, ohne wirklich verzichten zu müssen. Hier nur ein paar Beispiele:

- *Cocktailtomaten oder Tomatenscheiben mit Kräutern gewürzt als Brotbelag sind eine schlanke Zwischenmahlzeit oder Snack*
- *Tomatenmark als Brotaufstrich unter (fettarmen) Käse oder einen anderen Brotbelag reduziert Kalorien*
- *Leichte Tomatensuppe als Vorspeise füllt den Magen vor*
- *Tomatensoßen statt Sahnesoßen spart jede Menge Fettkalorien*
- *Dips und Cocktailsoßen auf Tomatenbasis gegenüber solchen auf Mayonnaisenbasis reduziert den Fettgehalt um ein Vielfaches**
- *Soßen mit Tomatenmark statt mit Sahne anzudicken hilft ebenfalls beim Kalorien einsparen.*

**Zum Vergleich:*
100 g Mayonnaise (80 % Fett) enthalten 743 kcal
100 g Mayonnaise (50 % Fett) enthalten 482 kcal
100 g Tomatenketchup enthält 110 kcal
100 g Tomaten-Salsa enthält 30 kcal.

dauerhaft Erfolg. Und Tomaten können Ihnen bei Ihrem Weg zu einer schlankeren Figur eine wertvolle, vitaminpralle Hilfe sein.

Tomatillos (Physalis ixocarpa) gehören auch zu den essbaren Nachtschattengewächsen

■ Die lieben Verwandten

Wie Kartoffel, Paprika oder Aubergine gehört auch die Tomate zu den Nachtschattengewächsen (Solanaceae). Diese große Pflanzenfamilie ist mit 2800 Arten über die ganze Welt verbreitet. Viele der Arten hat sich der Mensch nutzbar gemacht.

Einige der Nachtschattengewächse wurden früher in Hexensalben gemixt und finden heute teilweise Verwendung als Arzneipflanzen. Zu diesen gehören die Tollkirsche *(Atropa belladonna)*, der Stechapfel *(Datura stramonium)*, das Bilsenkraut *(Hyoscyamus niger)* und das Tollkraut *(Scopolia carniolica)*. Da diese Pflanzen hochgiftige Inhaltsstoffe (Tropan-Alkaloide) enthalten, wird von Eigenversuchen wegen möglicherweise tödlichem Ausgang dringendst abgeraten.

Die Familie der Nachtschattengewächse ist sehr vielseitig

Auch der Tabak *(Nicotiana tabacum)* ist ein Nachtschattengewächs und enthält das hochgiftige Nicotin, ein Pyridinalkaloid, das übrigens bei uns keine Zulassung als Pflanzenschutzmittel erhält, als Genussmittel aber trotz seiner gesundheitsschädlichen und Sucht erzeugenden Eigenschaften sehr verbreitet ist. Einige sehr beliebte Zierpflanzen gehören ebenfalls zu den Solanaceaen und sind mit der Tomate verwandt, beispielsweise

- Blauer Kartoffelstrauch *(Solanum rantonnetii)*
- Hammerstrauch *(Cestrum aurantiacum)*
- Engelstrompete *(Brugmansia)*
- Trompetenblume *(Solandra grandiflora)*.

Nicht zuletzt enhält die Familie der Nachtschattengewächse neben der Tomate *(Lycopersicon esculentum)* einige der beliebtesten und wohlschmeckendsten Gemüse, die alle voller wertvoller Inhaltsstoffe stecken:

- Kapstachelbeere *(Physalis peruviana)*
- Aubergine *(Solanum melongena)*
- Chili *(Capsicum frutescens)*
- Kartoffel *(Solanum tuberosum)*
- Lulita *(Solanum hirsutissimum)*
- Paprika *(Capsicum anuum)*
- Pepino *(Solanum muricatum)*
- Tamarillo/Baumtomate *(Cyphomandra betacea)*
- Tomatillo, grüne Tomate Mexikos *(Physalis ixocarpa)*.

In fast allen Fällen sind jeweils nur bestimmte Pflanzenteile essbar, zum Beispiel die unterirdische Knolle oder die reifen Früchte.

Feine Rezepte

Feine Rezepte

Internationale Tomatenküche

Zum Glück werden die köstlichen Tomatenfrüchte bei uns das ganze Jahr über angeboten. Und je nach Jahreszeit und Gusto kann man aus der Tomate erfrischend fruchtige oder deftige, wärmende Gerichte zaubern.

Küchenpraxis – Vom Nachreifen bis zum Einmachen

Etwa von Juli bis November gibt es neben den Importtomaten aus südlichen Landen ein großes Angebot an deutschen Tomaten auf den Märkten und in den Gemüseabteilungen der Supermärkte. Außerdem haben wir in dieser Zeit auch die Tomaten aus dem eigenen Garten. In den restlichen Monaten kommen die Früchte hauptsächlich aus Spanien, Italien, Belgien und Holland. Da die Ausbildung vieler der wertvollen Inhaltsstoffe lichtabhängig ist, bevorzugt ein Großteil der Verbraucher zu Recht in den Wintermonaten Tomaten aus dem Süden.

Wie geht das?

Tomaten nachreifen: Unreif geerntete Früchte werden bei 22 bis 27 °C nachgereift. Licht spielt für die Nachreife keine Rolle. Auf ein Küchenkrepp oder ähnliches gelegt finden die Tomaten in der Regel auf dem Küchenschrank ein gutes Plätzchen. Keller- oder Vorratsräume sind dagegen oft zu kühl. Vergessen Sie nicht, die nachgereiften Exemplare in regelmäßigen Abständen auszusortieren und zu verwerten. Grüne Früchte können nicht mehr nachgereift werden, wenn sie vorher bei Temperaturen unter 10 °C gelagert wurden.

Tomaten und Gurken bilden mit dieser hohen Lagertemperatur eine Ausnahme unter den Gemüsen. Die meisten anderen bleiben am längsten haltbar, wenn sie bei hoher Luftfeuchtigkeit knapp über dem Gefrierpunkt gelagert werden

Tomaten lagern: Tomaten sollten nach Möglichkeit nicht im Kühlschrank aufbewahrt werden, denn dadurch verlieren sie an Aroma. Die optimale Aufbewahrungstemperatur beträgt etwa 14 °C. Man lagert sie am besten bis zum Verbrauch in einer kühlen Vorratskammer oder in einem entsprechend kühlen Kellerraum. Kontrollieren Sie Ihr Lagergut regelmäßig und sortieren Sie weiche Früchte aus. Ihre Haltbarkeit ist am längsten, wenn man die Tomaten einzeln auf einem weichen Tuch oder auf Küchenkrepp auslegt.

Heben Sie Tomaten nie zusammen mit Gurken oder Blumenkohl auf. Tomaten scheiden während der Lagerung Ethylengas ab, welches Gurken gelb und Blumenkohl weich werden lässt

Tomaten schneiden: Um Tomaten zu schneiden, braucht man ein spitzes, scharfes Messer. Zunächst wird mit der Messerspitze neben dem Stielansatz eingestochen, dieser großzügig umschnitten und der Stielansatz entfernt. Anschließend werden die Tomaten halbiert, geviertelt, in Scheiben geschnitten oder gewürfelt.

Tomaten häuten: Wer die Tomatenhaut schlecht verträgt oder sie aus anderen Gründen nicht verarbeiten möchte, kann die Früchte vor der Zubereitung häuten. Dazu werden die Tomaten nach dem Waschen kreuzweise auf der Stielansatzseite mit einem scharfen Messer eingeritzt und der harte Stielansatz mit der Messerspitze herausgeschnitten. Anschließend werden die Tomaten mit kochendem Wasser überbrüht oder in kochendes Wasser getaucht, bis sich die Schnittränder aufbiegen. Danach werden sie mit dem Schaumlöffel aus dem heißen Wasser genommen und in einem Sieb unter kaltem Wasser abgeschreckt. Nun lässt sich die Haut mit einem Messer leicht abziehen.

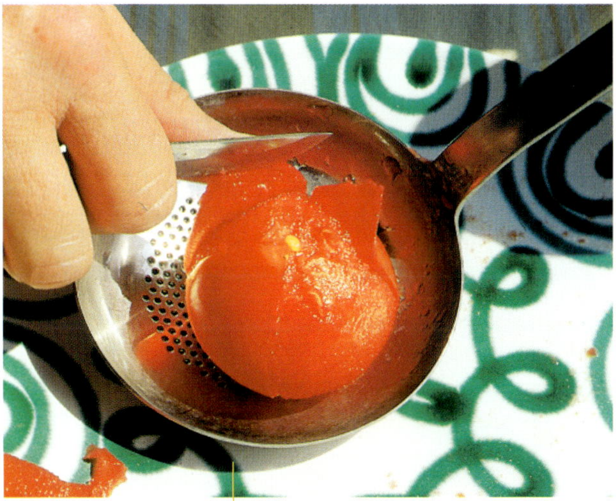

Tomaten häuten

Tomaten einfrieren: Wer seine reiche Gartenernte nicht gleich verbrauchen kann oder die günstigeren Sommerpreise nutzen will, hat verschiedene Möglichkeiten, Tomaten haltbar zu machen. Tomaten lassen sich beispielsweise ganz, geschnitten oder püriert einfrieren. Nach dem Auftauen kann man sie hervorragend für Soßen, Suppen und Mischgerichte verwenden. Die einzige Vorbereitungsarbeit ist das Waschen und Schneiden. Blanchieren ist nicht notwendig. Genauso kann man auch verarbeitete Tomatenprodukte wie Soßen oder Saft portionsweise einfrieren und dann bei Bedarf zum Verfeinern oder Weiterverarbeiten verwenden.

Tomaten trocknen: Mühseliger und zeitaufwendiger als das Einfrieren ist das Trocknen. Zum Trocknen verwendet man weniger wasserreiche Sorten. Die Früchte werden gewaschen, die Stielansätze ausgeschnitten und die Tomaten halbiert. Bei Bedarf kann man Kerne und Flüssigkeit entfernen. Da bei uns das Trocknen an der Sonne in der Regel nicht möglich ist, bleibt nur das Trocknen im Backofen oder mit Hilfe eines Dörrgerätes. Bis die Tomaten getrocknet sind, dauert es je nach Sorte und je nachdem, ob die Tomaten im Ganzen oder in Scheiben getrocknet werden, bis zu 36 Stunden bei 60 °C im Backofen (Umluft). Bei höherer Temperatur und bei dünneren Scheiben lässt sich die Dörrzeit wesentlich verkürzen (8 bis 12 Stunden bei 115 °C), aber geschmacklich gibt es Einbußen. Alle paar Stunden werden die Tomaten gewendet. Fertig getrocknete Scheiben werden aussortiert. Die getrockneten Tomaten können in luftdichten Dosen oder in Öl eingelegt aufbewahrt werden.

Lassen Sie die Backofentür während der Trocknung immer einen Spalt breit geöffnet, damit die Feuchtigkeit der Tomaten entweichen kann

Wem der Aufwand zu groß ist, kann getrocknete Tomaten auch sehr preiswert in türkischen Läden kaufen

1 Bd	=	*1 Bund*
1 EL	=	*1 Esslöffel*
1 Ms	=	*1 Messerspitze*
1 P	=	*1 Päckchen*
1 Pr	=	*1 Prise*
1 St	=	*1 Stange*
1 TL	=	*1 Teelöffel*
1 Ts	=	*1 Tasse*

Eingemacht & Eingelegt

Getrocknete Tomaten in Öl

Zutaten für 3 Liter	
500 g	getrocknete Tomaten (türkischer Laden)
2 l	Wasser
1/4 l	Weißwein
1/8 l	Weißweinessig
	Kräuter und Pfefferkörner nach Geschmack
	Gutes Olivenöl zum Bedecken

- Wasser, Weißwein und Weißweinessig aufkochen
- Den Topf vom Herd nehmen, die getrockneten Tomaten in den Sud geben und 5 Minuten darin ziehen lassen
- Tomaten in ein Sieb schütten und etwa 4 Stunden abtropfen lassen
- Die Tomaten mit Kräutern nach Geschmack in Schraubgläser geben und mit Olivenöl bedecken.

TIPP

Eingelegte, getrocknete Tomaten ergeben mit geröstetem Weißbrot eine wunderbare Antipasti, eignen sich als Beilage zu Fleischgerichten oder werden weiterverarbeitet, zum Beispiel zu Tomatenpesto.

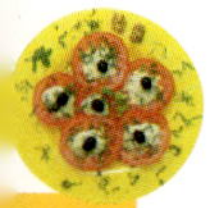

Frische Tomaten in Öl

Zutaten für 2 Liter	
1 kg	kleine, feste Tomaten
	geschälte Knoblauchzehen nach Geschmack
1 l	gutes Olivenöl
1 Bd	frisches Basilikum oder Kräuter nach Geschmack
1 TL	Salz

- Die Gläser mit kochendem Wasser gut ausspülen und auf dem Kopf stehend trocknen lassen
- Kräuter waschen und mit Küchenpapier trocken tupfen
- Tomaten waschen, abtrocknen und mit einem Zahnstocher mehrfach einstechen. Falls notwendig, den grünen Stielansatz mit der Messerspitze ausschneiden
- Tomaten, Knoblauch und Kräuter in die Gläser schichten, dabei lagenweise salzen
- Mit Olivenöl aufgießen, bis die Tomaten vollständig bedeckt sind. Die Gläser verschließen und an einem kühlen, dunklen Ort aufbewahren.

TIPP

Tomaten in Öl passen als Antipasti zu geröstetem Weißbrot, als Beilage zu Fleisch oder dienen zur Weiterverarbeitung.

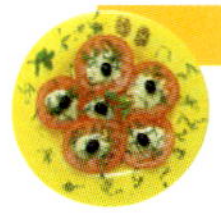

Tomatenmark

- Tomaten waschen, Stielansätze ausschneiden
- Anschließend vierteln oder würfeln und in einem Topf ohne Deckel kochen, bis der erste Saft verdampft und das Püree dicklich geworden ist
- Die Masse durch ein Sieb streichen und bei Bedarf weiter einkochen
- Ist die gewünschte Konsistenz erreicht, das Tomatenmark salzen
- Sofort in sorgfältig heiß ausgespülte und abgetrocknete Weckgläser oder in kleine Schraubgläser füllen.

Zutatenmenge nach Belieben

	vollreife Tomaten (Sorten mit niedrigem Wassergehalt)
	Salz, Zucker, Essig, Kräuter, Knoblauch oder andere Gewürze nach Belieben

TIPP
Wer mag, kann das Püree während des Kochens mit Salz, Zucker, Essig und Kräutern, Knoblauch oder anderen Gewürzen geschmacklich verändern.

Tomaten in Essig

- Gläser mit kochendem Wasser sorgfältig ausspülen und auf dem Kopf stehend abtrocknen lassen
- Tomaten waschen, Stielansätze ausschneiden
- Essig mit Knoblauch, Zucker, Salz, der Pfefferschote, Senfkörnern und Lorbeerblättern aufkochen
- Topf mit dem Sud vom Herd nehmen und die Einmachhilfe unterrühren
- Kräuter und Tomaten in die vorbereiteten Gläser schichten, mit heißem Sud aufgießen, bis die Früchte bedeckt sind
- Abkühlen lassen, Gläser verschließen und an einem dunklen, kühlen Ort aufbewahren.

Zutaten für 0,7 Liter

500 g	feste, kleine Tomaten
3–5	geschälte Knoblauchzehen
1/4 l	Weißweinessig
2–3 TL	Zucker, gehäufte
1 TL	Salz
1	grüne Pfefferschote
1 TL	Senfkörner
3	Lorbeerblätter
1/2 P	Einmachhilfe
	getrocknete Kräuter oder Kräuter der Provence nach Belieben

TIPP
Diese pikant eingelegten Tomaten passen gut auf eine Vorspeisenplatte oder als Beilage zu Gegrilltem.

Tomaten-Bulgur-Salat Tabuleh (Türkei, Arabien)

Zutaten für 4–6 Personen

200 g	Bulgur (türkischer Laden, Reformhaus)
4	Tomaten
1	nicht zu scharfe Zwiebel
	oder
1 Bd	Frühlingszwiebeln
½	grüne Paprikaschote
1 Bd	Petersilie
4 EL	Olivenöl
2–3 EL	Zitronensaft
	Pfeffer, Salz

Wahlweise zusätzlich:

3–4	Knoblauchzehen
	Kreuzkümmel, gemahlen
½ Bd	Minze
1 TL	Paprikapulver

Bulgur ist ein Weizenprodukt, das ähnlich wie Nudeln schmeckt, aber von der Körnung zwischen Grieß und Reis liegt.

- Den Bulgur mit etwa gleicher Menge kochendem Wasser bedecken und 15 bis 20 Minuten auf der ausgeschalteten Herdplatte quellen lassen. Im Zweifelsfall nach Packungsanleitung verfahren, da es Bulgur in verschiedenen Körnungen gibt
- In der Zwischenzeit die Tomaten waschen, die Stielansätze ausschneiden und die Tomaten in Würfel schneiden
- Paprikaschote würfeln, Zwiebel schälen und fein würfeln, Frühlingszwiebeln in Röllchen schneiden
- Petersilie waschen, trocken schütteln und ohne die groben Stiele fein hacken
- Das Gemüse in eine große Schüssel geben. Den Bulgur in ein feines Sieb abgießen, gut abtropfen lassen und zum Gemüse geben
- Olivenöl mit Zitronensaft und Gewürzen verrühren und über die Zutaten in der Schüssel gießen
- Alles gut vermengen, abschmecken und etwa 1 Stunde ziehen lassen.

TIPP

Wer mag, kann Bulgur zusätzlich mit gepressten Knoblauchzehen, Kreuzkümmel, der Minze und/oder Paprikapulver würzen. Passt gut als Beilage zu Gegrilltem oder Gebratenem.

Bruschetta (Italien)

Zutaten für 8 Personen	
1	großes Baguette
2	Fleischtomaten
2–3	Knoblauchzehen
	frisches Basilikum
3 EL	Olivenöl

- Baguette in dünne Scheiben schneiden
- Tomaten waschen, den Stielansatz herausschneiden.
- Tomaten einritzen, mit kochendem Wasser überbrühen, danach mit kaltem Wasser abschrecken und häuten.
- Tomaten aufschneiden, Flüssigkeit und Kerne abgießen. Tomatenfruchtfleisch klein würfeln
- Knoblauchzehen fein hacken oder pressen
- Basilikum waschen, die Blätter abzupfen und hacken. Tomatenwürfel, Knoblauch, Öl und Basilikum mischen und salzen
- Die Masse auf den Baguettescheiben verteilen. Im Backofen bei 250 °C goldbraun rösten.

TIPP
Eine raffinierte, preiswerte Vorspeise oder als Beilage zu Salat und Gegrilltem.

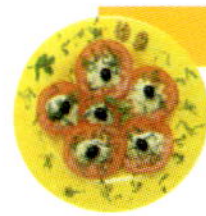

Crostini (Italien)

Zutaten für 4 Personen	
1	große Tomate
6	in Öl eingelegte, getrocknete Tomaten
1–2	Knoblauchzehen
	frisches Basilikum
2 TL	Kapern
2 EL	Olivenöl
	Salz, Pfeffer
1	kleines bis mittelgroßes Baguette

- Frische Tomate waschen, Stielansatz herausschneiden
- Die Frucht einritzen, mit kochendem Wasser überbrühen, mit kaltem Wasser abschrecken und häuten.
- Tomate aufschneiden, Flüssigkeit und Kerne abgießen, das Tomatenfruchtfleisch klein würfeln
- Knoblauchzehen fein hacken oder pressen, die getrockneten, in Öl eingelegten Tomaten fein würfeln, Basilikum waschen, die Blätter abzupfen und hacken
- Tomatenwürfel, Knoblauch, Basilikum, Kapern und Öl mischen, mit Salz und Pfeffer abschmecken
- Baguette in schmale Scheiben schneiden und 4 Minuten bei 220 °C im Backofen rösten
- Tomatenmasse auf die Brotscheiben verteilen und sofort servieren (Foto Seite 71).

TIPP
Crostini schmecken zu Gegrilltem, aber auch einfach zu einem kräftigen Wein.

Tomatensalat mit Walnuss-Gemüse-Dressing (Arabien)

Zutaten für 4 Personen

4	große Fleischtomaten oder entsprechend mehr kleinere Tomaten
	frische Minze
3 EL	gehackte Walnusskerne
4 EL	Olivenöl
4 EL	Zitronensaft
1 TL	Honig oder Zucker
	Cayennepfeffer
1	grüne Paprikaschote
1/3	Gurke
	Salz, Pfeffer
	schwarze Oliven

- Für das Dressing Minze waschen, Blätter abzupfen und klein schneiden
- Gehackte Walnüsse, etwa zwei Drittel der Minze, Öl, Zitronensaft, Cayennepfeffer und Honig mit einem Pürierstab fein zerkleinern
- Paprikaschote und Gurke fein hacken und unter die Soße heben. Mit Salz und Pfeffer abschmecken
- Tomaten waschen, Stielansatz entfernen, Tomaten in Scheiben schneiden
- Die Scheiben auf einem Teller auslegen, leicht salzen und pfeffern und mit dem Dressing beträufeln
- Restliche Minze und Oliven darüber streuen.

TIPP

Der Salat ist wegen der Kombination mit Minze etwas ungewohnt, aber besonders im Sommer eine erfrischend neue Geschmacksrichtung.

Tomatensalat mit Kräuter-Kürbiskern-Pesto (Italien)

Zutaten für 4 Personen

4–5	große Fleischtomaten oder entsprechend mehr kleinere Tomaten
1 P	frische Kresse oder
1 Bd	Rucola
50 g	Kürbiskerne
6 EL	Pflanzenöl
3 EL	Weißweinessig
70 ml	Gemüsebrühe
40 g	Parmesan
	Salz, Pfeffer

- Tomaten waschen, Stielansatz entfernen, Tomaten in Scheiben schneiden
- Kresse abbrausen. Die Hälfte mit einer Schere abschneiden, zusammen mit Kürbiskernen, Pflanzenöl und Essig mit einem Pürierstab fein zerkleinern
- Parmesan und Gemüsebrühe dazugeben, zu einer dicken Soße verrühren, mit Salz und Pfeffer würzen
- Tomaten auf einer Platte auslegen, leicht salzen
- Das Pesto mit einem Löffel auf den Tomaten verteilen, mit der restlichen Kresse bestreuen.

TIPP

Verwenden Sie je zur Hälfte Kürbiskernöl und Färberdistelöl.

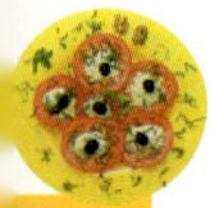

Gazpacho (Spanien)

Zutaten für 4 Personen	
750 g	vollreife Tomaten, gehäutet oder ungehäutet
½–1	Salatgurke
1–2	Zwiebeln
2	rote Paprikaschoten
2	Knoblauchzehen
½ l	Gemüsebrühe
2 EL	Olivenöl
1 TL	Zitronensaft
	Salz, Pfeffer
	Frische Kräuter nach Geschmack (Petersilie, Oregano, Minze, Schnittlauch)
6	Scheiben Weißbrot oder Vollkorntoast
40 g	Butter
	Eiswürfel nach Belieben

- Gemüse waschen, den Stielansatz der Tomaten mit einem spitzen Messer ausschneiden
- 1 bis 2 Tomaten und 1 Stück Gurke für die Beilage beiseite legen. Die restlichen Tomaten und den Rest der Gurke grob würfeln
- Zwiebel schälen, 1 Stück zurückbehalten, den Rest grob würfeln
- 1 Paprika beiseite legen, die andere entkernen und entstielen, dann grob würfeln
- Knoblauchzehen schälen
- Das gewürfelte Gemüse und den Knoblauch in eine hohe Schüssel geben, mit dem Pürierstab fein zerkleinern
- Gemüsebrühe, Olivenöl und Zitronensaft zu dem Püree hinzufügen und das Ganze zugedeckt für 2 Stunden in den Kühlschrank stellen
- Kurz vor dem Servieren zurückgelegtes Gemüse fein würfeln, Kräuter hacken, die Brotscheiben würfeln und in einer Pfanne in Butter goldgelb rösten
- Vor dem Anrichten die Suppe mit Salz und Pfeffer abschmecken.
- Die Gazpacho in einer Terrine servieren, mit Kräutern und Gemüsewürfeln bestreut. Dazu das restliche gewürfelte Gemüse, Brotwürfel und Kräuter in Schälchen zur Selbstbedienung reichen.

TIPP

Gazpacho wird gerne kalt als sommerliche Vorspeise genossen. Hat man keine aromatischen Tomaten zur Verfügung, kann man den Geschmack mit Tomatenmark aufbessern. Geben Sie an heißen Sommertagen einfach einige Eiswürfel hinein.

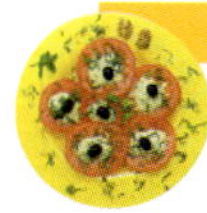

Tomatensuppe, vielfältig zu variieren (Deutschland)

Zutaten für 4 Personen	
1 kg	vollreife Tomaten oder
4 EL	Tomatenmark
1–2	Zwiebeln
	Thymian
¼–½ l	Brühe (bei frischen Tomaten) oder
1 ¼ l	Brühe (bei Tomatenmark)
3–4 EL	Olivenöl
	Zucker und Zitronensaft zum Abschmecken
	Salz, Pfeffer

- Zwiebeln schälen und fein wiegen
- Tomaten waschen, Stielansatz ausschneiden, Fruchtfleisch grob würfeln
- Zwiebeln im Olivenöl glasig dünsten
- Tomaten bzw. Tomatenmark mit Flüssigkeit zufügen
- Thymian zufügen und alles leise köcheln lassen
- Tomaten weich kochen lassen. Flüssigkeit zugießen
- Suppe durch ein Sieb streichen, mit Salz und Pfeffer würzen, mit Zitronensaft und Zucker abschmecken.

TIPP

Verfeinern Sie je nach Geschmack mit Tomatenmark, gepresstem Knoblauch, Kräutern, Lorbeerblatt, Sahne, Croutons, Reis, Erbsen oder Eierstich.

Tomatensuppe (Frankreich)

Zutaten für 4–6 Personen	
1,5 kg	Tomaten, ohne Stielansatz
150 g	durchwachsener Speck, gewürfelt
150 g	Sellerieknolle, gewürfelt
150 g	Möhren, in Scheiben
2–3	Zwiebeln, gewürfelt
1 l	heiße Brühe
	Salz, Pfeffer
1	Gewürznelke
1	Lorbeerblatt
6	Scheiben Weißbrot oder Toastbrot
30 g	Butter
	Kräuter nach Geschmack (Kerbel, Petersilie oder Basilikum), gehackt

- Speck im Topf leicht anschwitzen, Zwiebeln, Möhren und Selleriezugeben, unter Rühren bei schwacher Hitze leicht anbraten. Die Tomaten, die Nelke und das Lorbeerblatt dazu geben
- Das Ganze bei schwacher Hitze langsam einkochen lassen. Nach etwa 30 Minuten die Brühe hinzufügen und das Lorbeerblatt entfernen. Weiterköcheln lassen, bis die Suppe dicklich ist
- Suppe durch ein Sieb streichen und nochmals erhitzen
- Weißbrotscheiben würfeln und in Butter in einer Pfanne goldgelb rösten
- Suppe in Suppenteller oder -tassen füllen, jeweils einige Weißbrotwürfel und Kräuter darüber streuen.

TIPP

Diese deftige Tomatensuppe eignet sich auch als Hauptgericht.

Hauptgerichte & Beilagen

Gefüllte Tomaten (Italien)

Zutaten für 2–4 Personen

8	kleine Tomaten (ca. 500 g)
2	Knoblauchzehen
40 g	Parmesan
40 g	Semmelbrösel
1 Bd	Petersilie
	Pfeffer, Salz
6 EL	Olivenöl

- Backofen auf 180 °C vorheizen
- Tomaten waschen, den Stielansatz ausschneiden
- Petersilie waschen und hacken
- Knoblauch schälen und pressen
- Knoblauch, Petersilie, Parmesan und Semmelbrösel mit Öl zu einer Paste mischen
- Tomaten quer halbieren, Kerne und Flüssigkeit herauskratzen, Tomaten leicht salzen und pfeffern
- Die Paste in die Tomaten füllen. Im Backofen bei 180 °C etwa 30 Minuten backen.

TIPP

Eine Spezialität, die sich schnell zubereiten lässt und gut zu Gegrilltem passt.

Gefüllte Tomaten (Griechenland)

Zutaten für 4–6 Personen

8	große Tomaten
1	Zwiebel
1	Knoblauchzehe
1 Ts	Reis
	Petersilie
	Salz, Pfeffer, Zucker
6 EL	Olivenöl
½ Ts	Brühe

- Backofen auf 220 °C vorheizen
- Tomaten waschen, den Stielansatz ausschneiden
- An der Tomate oben einen Deckel zum Aufklappen einschneiden. Tomaten mit einem Löffel auskratzen, das Innere auffangen und durch ein Sieb streichen
- Zwiebel schälen und in feine Würfeln schneiden
- Petersilie waschen, trocken schleudern und hacken
- Knoblauchzehe schälen
- Die aufgefangene Tomatenflüssigkeit mit Reis, Zwiebel, Petersilie, 2 Esslöffel Öl, etwas Salz und Pfeffer mischen, Knoblauch dazu pressen
- Tomaten mit wenig Zucker ausstreuen, mit der Reis-Tomatenmischung füllen, Deckel zuklappen
- Feuerfeste Form mit Öl bepinseln, Tomaten hineinstellen und im Backofen 75 Minuten garen.

TIPP

Mit Kartoffeln werden die gefüllten Tomaten zu einem Hauptgericht.

Tomaten mit Hackfleisch-Käsefüllung (Deutschland)

Zutaten für 4–6 Personen	
10–20	große Tomaten
300 g	Hackfleisch
1	große Zwiebel
	Paprikapulver
	Salz
100 g	Emmentaler oder
60 g	Parmesan
40 g	Öl

- Tomaten waschen, Stielansatz vorsichtig herausschneiden.
- Tomaten oben einschneiden, so dass sich ein Deckel abheben lässt. Die Tomaten mit einem Löffel aushöhlen, das Ausgekratzte auffangen, durch ein Sieb streichen und beiseite stellen
- Backofen auf 200 °C vorheizen
- Zwiebel schälen und fein würfeln, in etwas Öl anschwitzen, Hackfleisch dazugeben und leicht anbraten. Mit Salz und Paprikapulver abschmecken, Käse darunter mengen, vom Herd nehmen
- Tomaten innen leicht salzen. Fleisch-Käse-Mischung in die Tomaten füllen, den Deckel zuklappen
- Die gefüllten Tomaten in eine gefettete Form stellen und 10 Minuten im Backofen garen. Tomatenflüssigkeit zwischen die Tomaten gießen und weitere 10 Minuten backen
- Tomaten herausnehmen, Soße abschmecken und nach Wunsch binden.

TIPP

Dazu passt Kartoffelpüree oder Reis und Salat.

Shrimp Gumbo (Südstaaten der USA)

- Okraschoten zum Abtropfen in ein Sieb geben
- Tomaten waschen, den Stielansatz entfernen und Tomaten würfeln
- Zwiebeln schälen und fein würfeln
- Paprika waschen, entkernen, entstielen und in dünne, kurze Streifen schneiden
- Bleichsellerie waschen und fein würfeln
- Knoblauchzehen schälen und fein hacken
- Zwiebeln in Butter glasig dünsten, Paprika, Bleichsellerie und Knoblauch dazugeben. Mehl darüber sieben, umrühren und etwas anschwitzen lassen
- Tomaten, Tomatenmark, Okraschoten, Brühe und Lorbeerblatt zufügen. Kurz aufkochen, dann ohne Deckel köcheln lassen, bis die Soße dicklich ist (etwa 45 Minuten), gelegentlich umrühren
- Lorbeerblatt entfernen, Gumbo mit Salz, Pfeffer und Tabasco pikant würzen.
- Zum Schluss die vorbereiteten Garnelen hinzufügen und 5 Minuten ziehen lassen, bis sie rosa sind
- Petersilie waschen, trocken schleudern und hacken
- Auf Tellern im Reisbett anrichten und mit der gehackten Petersilie bestreuen.

Zutaten für 4–6 Personen	
500 g	geschälte, vorbereitete Garnelen (frisch oder tiefgefroren)
500 g	frische Tomaten oder
1	Dose Tomaten
4 EL	Tomatenmark
1 St	Bleichsellerie
1	grüne Paprika
1	Dose Okraschoten (türkischer Laden)
2–3	Knoblauchzehen
2	Zwiebeln
2 TL	Mehl
½–¾ l	Fischfond, ersatzweise Brühe
40 g	Butter
1	Lorbeerblatt
	frische Petersilie
	Salz, Pfeffer, Tabasco
	Reis als Beilage

TIPP

Gumbos kann man in allen Variationen zubereiten: Mit oder ohne Okraschoten, mit Gemüse, Huhn, Wurst oder Fisch, Muscheln oder anderen Meeresfrüchten.

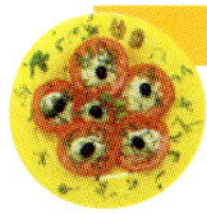

Fisch mit Tomaten aus dem Backofen (Griechenland)

- Tiefgefrorenen Fisch auftauen lassen, innen und außen unter fließend kaltem Wasser abspülen
- Tomaten waschen, den Stielansatz entfernen, Tomaten bei Bedarf häuten, in Würfel schneiden und mit einem Pürierstab fein zerkleinern
- Knoblauch schälen, pressen oder fein hacken und zu dem Tomatenpüree geben, Petersilie abspülen, fein schneiden und ebenfalls zugeben
- Das Olivenöl in einem Topf erhitzen, Tomatenpüree zugeben, mit Salz und Pfeffer abschmecken
- Den Backofen auf 220 °C vorheizen. Den Fisch in eine feuerfeste Form geben, mit dem Tomatenpüree übergießen und 20 Minuten garen. Dann den Fisch umdrehen und weitere 25 Minuten garen.

Zutaten für 4 Personen

1 kg	vorbereiteten Fisch (Rotbarsch, Schellfisch oder Zander)
500 g	reife Tomaten
1–2	Zehen Knoblauch
4–6 EL	Olivenöl
4–6 EL	Weißwein
1 Bd	Petersilie

TIPP
Dazu passen wahlweise Reis, Pommes frites oder Kartoffeln und ein Salat.

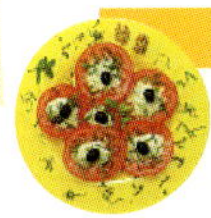

Tomaten-Bohnengemüse (Griechenland)

- Tomaten waschen und die Stielansätze mit einem spitzen Messer ausschneiden, Tomaten vierteln und mit dem Pürierstab fein zerkleinern
- Dill waschen und hacken
- Bohnen waschen, den Stielansatz und die Fäden entfernen, lange Bohnen in Stücke schneiden
- Zwiebeln schälen, fein würfeln und in Öl anbraten.
- Tomatenpüree, gehackten Dill und Bohnen zufügen. Brühe zugießen, bis die Bohnen bedeckt sind
- Zugedeckt bei niedriger Hitze 50 Minuten köcheln lassen. Mit Salz und Pfeffer abschmecken.

Zutaten für 4 Personen

1 kg	frische grüne Bohnen
3–4	mittelgroße Tomaten
1	Zwiebel
1	Sträußchen frischer Dill (ersatzweise getrocknet)
4 EL	Olivenöl
1–2 Ts	Brühe
	Salz, Pfeffer

TIPP
Dazu schmeckt Weißbrot, Reis oder Kartoffeln. Passt auch gut als Beilage zu Fleischgerichten.

Gebratene grüne Tomaten (Südstaaten der USA)

Zutaten für 4 Personen (Beilage)	
4	große, feste, grüne Tomaten
	Salz, Pfeffer
	Maismehl (ersatzweise Weizenmehl)
	Öl oder ausgelassenen Schweinespeck

- Tomaten waschen und den Stielansatz ausschneiden
- Früchte in dicke Scheiben schneiden, mit Salz und Pfeffer würzen
- In Mehl wenden und im heißen Öl ausbacken.

TIPP

Je stärker sich die Tomaten schon nach hellgrün, gelb oder rot verfärbt haben, desto geringer ist ihr Gehalt an dem in hohen Mengen giftigen Solanin (s. Seite 48). Die Tomaten nach Südstaatenart sollten Sie daher in Maßen konsumieren.

Gegrillte Tomaten (Deutschland)

Zutaten für 4 Personen (Beilage)	
8	kleine bis mittelgroße Tomaten
	Butter oder Öl
	Salz, Pfeffer
	Petersilie oder Oregano, gewiegt
	Butterflöckchen
	Käse- und/oder Schinkenstreifen je nach Geschmack

- Tomaten waschen und Stielansatz großzügig ausschneiden
- Einen Teil des Tomatenfleisches mit einem Löffel herausnehmen, nach Wunsch würzen
- Mit Butterflöckchen und Käse- oder Schinkenstückchen mischen und wieder einfüllen
- Bei mäßiger Hitze 6 bis 8 Minuten grillen.

TIPP

Tomaten lassen sich auch in Alufolie grillen. Dazu passen Reisgerichte, Salate, gegrilltes Fleisch und Weißbrot.

Crostini (Rezept Seite 59) ▶

Tomaten-Zucchini-Soße für Pasta (Deutschland)

Zutaten für 2 Personen

3	große Tomaten
1	mittlere Zucchini
2	Knoblauchzehen
1	Frühlingszwiebel
½	Tube Tomatenmark, 3-fach konzentriert
	Senf
	Kräutersalz
1 Pr	Zucker
1 TL	Basilikum, getrocknet
1 Pr	Majoran, getrocknet
	Salz, Pfeffer
	Tabasco
	Öl zum Anbraten

- Frühlingszwiebel in Röllchen schneiden,
- Tomaten nach Bedarf häuten, entkernen und in Würfel schneiden
- Knoblauch fein hacken oder pressen
- Zucchini in kleine Würfelchen schneiden.

Im Topf

- Öl in einem Topf erhitzen, Zucchini zugeben, unter Rühren etwas glasig werden lassen
- Frühlingszwiebeln, gewürfelte Tomaten und Knoblauch zugeben. Unter Rühren solange dünsten, bis die Tomaten breiig sind
- Die Soße mit Tomatenmark andicken und mit Senf, Kräutersalz, Zucker, Basilikum, Majoran, Pfeffer und Tabasco abschmecken.

In der Mikrowelle

- Hier braucht man kein Öl zum Anbraten, kann aber abschließend etwas Olivenöl hinzugeben
- Die Zutaten in der folgenden Reihenfolge in die Mikrowellenschüssel geben: Knoblauch, Tomatenwürfel, Frühlingszwiebelröllchen, Zucchiniwürfel
- Die Schüssel mit geschlossenem Deckel in die Mikrowelle stellen und 4 bis 6 Minuten bei 750 Watt garen
- Nach 1 bis 2 Minuten das Gefäß vorsichtig öffnen, umrühren. Sind die Tomaten noch stückig, das Gefäß wieder schließen und 2 bis 3 Minuten nachgaren
- Die Soße mit Tomatenmark andicken und mit etwas Senf, Kräutersalz, Salz, einer Prise Zucker, Basilikum, Majoran, Pfeffer und Tabasco würzen.

TIPP

Die Soße kann auch auf Vorrat hergestellt und portionsweise eingefroren werden.

Tomaten-Mozzarella-Pizza (Italien)

- Für den Pizzateig aus etwas Mehl, Salz, der Hefe und 2 bis 3 Esslöffel Wasser einen Vorteig anrühren. Das restliche Mehl aufhäufen und eine Mulde hinein drücken. Den Vorteig in die Mulde geben und langsam mit dem Mehl mischen, nach und nach das Wasser dazu geben. Damit der Teig etwas geschmeidiger wird, fügt man dem Ganzen noch etwas Öl bei. Den Teig solange kneten, bis er glatt ist und nicht mehr an den Fingern klebt. Zugedeckt 45 Minuten gehen lassen
- Währenddessen eine dickflüssige Tomatensoße zubereiten. Dazu die Tomaten waschen und die Stielansätze mit dem Messer herauslösen. Die Tomaten bei Bedarf häuten, dann in Würfel schneiden.
- Oregano waschen, fein hacken, mit den Tomaten zusammen in einen Topf geben. Wenig Wasser hinzufügen und aufkochen, bis die Tomaten weich werden
- Das Lorbeerblatt zufügen und bei niedriger Hitze einkochen lassen. Wenn die Soße eindickt, das Lorbeerblatt wieder herausnehmen
- Soße eventuell kurz mit dem Pürierstab durchquirlen, salzen und pfeffern
- Mozzarella in dünne Scheiben schneiden
- Basilikum waschen, trocken tupfen, klein schneiden und in die Tomatensoße rühren
- Den Backofen auf 200 °C vorheizen
- Den Teig dünn auf einer bemehlten Fläche ausrollen und auf ein gefettetes Backblech legen.
- Die Tomatensoße auf dem Teig verteilen und dann mit dem Mozzarella belegen. Mit wenig Olivenöl beträufeln.
- Die Pizza etwa 20 Minuten im Backofen auf mittlerer Schiene backen.

Zutaten für 1 Backblech

Für die Soße

750 g	Tomaten
	Oregano
1	Lorbeerblatt
	Salz, Pfeffer

Für den Teig

20 g	Hefe
400 g	Mehl
1 ½ Ts	Wasser

Für den Belag

375 g	Mozzarella
	frisches Basilikum
	Salz
	Olivenöl

TIPP

Diese einfache Pizza kann man als Beilage oder Vorspeise kalt oder warm servieren. Sie lässt sich auch einfach mit zusätzlichen Zutaten wie Schinken, Artischocken, Peperoni, Oliven oder Meeresfrüchten variieren.

Ketchup, Salsa & Chutney

Tomaten-Paprika-Ketchup

Zutaten	
1 kg	Fleischtomaten
8	Zwiebeln
100 g	Sellerieknolle
je 3	rote und grüne Paprikaschoten
100 g	brauner Zucker (ersatzweise normaler Haushaltszucker)
1 EL	Salz
1 TL	Paprika edelsüß
	Cayennepfeffer und frisch gemahlener schwarzer Pfeffer nach Geschmack
1/8 l	Weinessig
1–2 Ms	Einmachhilfe

- Tomaten waschen und die Stielansätze ausschneiden
- Zwiebeln schälen und würfeln
- Sellerie und Paprika in Stücke schneiden
- Alle Zutaten mit den Gewürzen und dem Essig etwa 45 Minuten dünsten lassen, durch ein Sieb streichen
- Die Masse so lange kochen lassen, bis sie eindickt. Nochmals abschmecken
- Einmachhilfe unterrühren
- Das Ketchup in vorbereitete Gläser füllen und diese verschließen.

TIPP

Mit weniger Paprikaschoten und Zwiebeln und mehr Tomaten kommt das Rezept dem klassischen Ketchup näher. Variieren Sie mit Petersilie, Schnittlauch, Dill oder Liebstöckel oder kochen Sie ein Lorbeerblatt mit, das Sie hinterher wieder entfernen.

Tomaten-Salsa (Mexiko)

Zutaten	
4	Tomaten
1	Zwiebel
2	Knoblauchzehen
1/4–1	Chilischote, je nach Schärfe und Geschmack
1 TL	Stangensellerie
	Salz, Oregano
	Limonensaft

- Stangensellerie fein würfeln, Tomaten und Zwiebeln klein schneiden, Knoblauchzehen klein hacken
- Alle Gemüsezutaten im Mixer pürieren
- Salsa bis zum Servieren eine Stunde stehen lassen
- Mit Limonensaft, Salz und Oregano abschmecken.

TIPP

Die Salsa (spanisch für „Soße“) kann gekühlt oder zimmerwarm serviert werden. Sie eignet sich zum Dippen von Gemüse oder als Soße zu Gegrilltem.

Tomaten-Chutney (Indien)

- Tomaten waschen und die Stielansätze mit einem spitzen, scharfen Meser ausschneiden
- Die Früchte einritzen und mit kochendem Wasser überbrühen, mit kaltem Wasser abschrecken und die Haut abziehen
- Die Tomaten vierteln, die Kerne entfernen und das Fruchtfleisch würfeln
- Ingwer schälen und fein reiben
- Tomaten, Rosinen und Ingwer in einen Topf geben, Zucker und 1/8 Liter Wasser zufügen, aufkochen und etwa 25 Minuten eindicken lassen
- Kurkuma und Salz zufügen und weiter ziehen lassen
- Öl in einer Pfanne erhitzen, darin die Fünfgewürzmischung anbraten und zu den Tomaten gießen
- Die Fenchel- und die Kreuzkümmelsamen ohne Fett leicht anrösten, abkühlen lassen, danach mahlen und zum Chutney geben
- Zitronensaft zufügen, umrühren und mit Salz abschmecken
- Das Tomaten-Chutney einige Stunden auskühlen lassen und kühl servieren.

TIPP

Das Chutney passt gut zu Gemüse, zu gebratenem oder gegrilltem Fisch oder zu Fleisch. In einem hübschen Glas mit einer dekorativen Verpackung ist es ein originelles Mitbringsel.

Zutaten

500 g	Tomaten
150 g	Rosinen
2 TL	Ghee (ersatzweise geschmacksneutrales Pflanzenöl)
150 g	brauner Zucker
½ TL	Kurkuma
1 St	Ingwerwurzel, frisch bzw.
½ TL	Ingwerpulver
1 TL	indische Fünfgewürzmischung (Asienladen)
1 TL	Cumin (Kreuzkümmel, türkischer Laden)
1 TL	Fenchelsamen
	Salz
1 EL	Zitronensaft

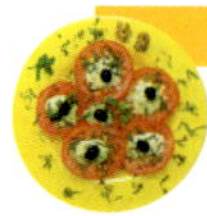

Adressen, Informationsstellen, Literatur

Bezugsquellen

> **Hinweis**
> Einige der genannten Anbieter liefern nicht an Endverbraucher, sondern nur an den Einzelhandel. In der Regel senden diese Anbieter aber auf Anfrage gern ein Verzeichnis der Einzelhändler in bestimmten Postleitzahlengebieten zu.

Saatgut

- Allerleirauh GmbH
  Kronstraße 24, 61209 Echzell
  Tel.: (0 60 35) 812 16
  Fax: (0 60 35) 812 75
  Internet: www.allerleirauh.com
  Goldene Königin, Hellfrucht, Matina, Moneymaker, Roma, San Marzano Nano, St. Pierre, Zuckertraube u.a.

- Bejo Zaden BV
  P.O. Box 50
  NL–1749 ZH Warmenhuizen
  Niederlande
  Tel.: +31 (0)22 63 9 61 62
  Fax: +31 (0)22 63 9 35 04
  Juliet u.a.

- Bio-Saatgut, Ulla Grall
  Eulengasse 3, 55281 Armsheim
  Tel.: (0 67 34) 96 03 79
  Fax (0 67 34) 96 00 14
  Internet: www.bio-saatgut.de
  Grünes Zebra, Maiglöckchen, Orange Bourgoin, Purpurkalebasse, Tigerella, White Wonder u.a. Alle Sorten der Ferme de Sainte Marthe sowie weitere Sorten von Bio-Saatgut-Erzeugern

- Manfred Hahm-Hartmann
  Wilhelm-Löhe-Straße. 5
  95176 Konradsreuth
  Tel.: (0 92 92) 65 58
  Internet: www.reinhard-kraft.de
  Balkonstar, Goldene Königin, Grünes Zebra, Lila Sari, Moneymaker, Purpurkalebasse, Supersweet 100 F1, Sungold, Tigerella, White Wonder, Zuckertraube u.a.

- Hild Samen GmbH
  Kirchenweinbergstraße 115
  71672 Marbach/Neckar
  Tel.: (0 71 44) 84 73 11
  E-Mail: hild@nunhems.com
  Internet: www.hildsamen.de
  Amfora F1, Diplom F1, Estrella F1, Goldene Königin, Hellfrucht/Hilmar, Hildares F1, Hoffmanns Rentita, Master F1, Matina, Moneymaker, St. Pierre, Supersweet 100 F1, Sweet 100, Totem F1, Vanessa F1 u.a. Zu beziehen über den örtlichen Fachhandel oder Gartencenter

- Nebelung/Kiepenkerl Pfanzenzüchtung
  Postfach 12 63, 48348 Everswinkel
  Fax: (0 25 82) 67 02 70
  Evita F1, Goldene Königin, Goldita F1, Myrto F1, Picolino F1, Red Robin, Tigerella, Vanessa F1, Vitella F1, Yellow Pearshaped u.a., Tomatenveredelungsset. Zu beziehen über den Gartenfachhandel

- Gärtner Pötschke
  41561 Kaarst
  Tel.: (0 21 31) 79 33 33
  Fax: (0 21 31) 79 34 44

- Quedlinburger Saatgut GmbH
  Neuer Weg 21, 06484 Quedlinburg
  Tel.: (0 39 46) 90 40
  Fax: (0 39 46) 29 66
  E-Mail: quedlinburger.saatgut@t-online.de / Internet: www. quedlinburger-saatgut.de
  Balkonstar, Goldene Königin, Master F1, Minibell, Sweet 100, Tigerella, Yellow Pearshaped u.a.

- Sperli Saatgut
  Postfach 2640, 21316 Lüneburg
  Tel.: (0 41 31) 30 17 0
  Fax: (0 41 31) 30 17 45
  E-Mail: info@sperli-samen.de
  Internet: www.sperli-samen.de
  Gnom F1, Goldene Königin, Harzfeuer F1, Luxor F1, Patio F1, Phyra, Roma (Typ Sweet Cherry F1), San Marzano Nano, Yellow Pearshaped u.a.

- Raritätengärtnerei Treml
  Eckerstr. 32
  93471 Arnbruck
  Tel.: (0 99 45) 90 51 00
  Fax: (0 99 45) 90 51 01
  Internet: www.pflanzentreml.de
  De Berao, Estrella F1, Lila Sari, Sungold, Tigerella, White Wonder u.a.

- Verein zur Erhaltung der Nutzpflanzenvielfalt e.V. (VEN)
  Sandbachstr. 5, 38162 Schandelah
  Tel. und Fax: (0 53 06) 14 02
  E-Mail: ven.nutz@gmx.de
  Internet: www.nutzpflanzenvielfalt.de

- Julius Wagner GmbH
  Samenzucht Samengroßhandel
  Eppelheimer Straße 18–20
  69115 Heidelberg
  Tel.: (0 62 21) 53 04 0
  Fax: (0 62 21) 53 04 71
  E-Mail: info@juliwa-markensaat.de / Internet: www.juliwa-markensaat.de
  Balkonstar, Goldene Königin, Master F1, Minibell, Sweet 100, Tigerella, Yellow Pearshaped u.a.

Veredelte Tomatenpflanzen

- Betrieb Wunderlich
  Neerbroicherstr. 26
  41066 Mönchengladbach
  Tel.: (0 21 61) 6 36 81
  (Kein Versand)

Kleingewächshäuser (K), Tropfbewässerungssysteme (T), Nützlinge für Biologischen Pflanzenschutz (N)

- Beckmann KG
  Simoniusstraße 10
  88239 Wangen/Allgäu
  Tel.: (0 75 22) 60 65
  Fax: (0 75 22) 2 21 15
  Internet: www.beckmann-kg.de
  (K) (T)
- Prinzess Glashausbau GmbH
  Salzburgerstraße 340
  A–5084 Grossmain-Wartberg
  Tel.: +43 (0)6 62 85 19 30
  Fax: +43 (0)6 62 85 19 301
  www.prinzess-glashausbau.at, (K)
- GARDENA
  Kress und Kastner GmbH
  Hans-Lorenser-Str. 40, 89079 Ulm
  Internet: www.gardena.com
  auch in vielen Gartencentern, Bau- und Gartenmärkten und im Gartenfachhandel, (T)
- Weninger GmbH
  Blumat-Bewässerungssysteme
  Hag 7, A–6410 Telfs
  Tel.: +43 (0)52 62 624 35
  Fax: +43 (0)52 62 43 57
  Internet: www.blumat.de
  auch in vielen Gartencentern, (T)
- Hatto Welte
  Maurershorn 10
  78479 Insel Reichenau
  Tel.: (0 75 34) 71 90 oder 74 00
  Fax: (0 75 34) 1458, (N)
- Sautter und Stepper GmbH
  Biologischer Pflanzenschutz
  Rosenstr. 19, 72119 Ammerbuch
  Tel.: (0 70 32) 95 78 30
  Fax: (0 70 32) 95 78 50
  E-Mail: info@nuetzlinge.de
  Internet: www.nuetzlinge.de, (N)

Tomaten im Internet

Wen überrascht es, dass unser Lieblingsgemüse auch im Internet gut vertreten ist. Hier ein paar Beispiele für interessante Seiten, bei denen sich das Vorbeischauen auf jeden Fall lohnt.

Infos rund um die Tomate

- www.kuechengarten.de
- www.michaels-tomaten.de
- www.frugeba.ch/ifn/fn.html
- www.3sat.de/tips/domizil/aktuell/09164/index.html

Saatgutfirmen

- www.bio-saatgut.de
- www.saatfix.de
- www.allerleirauh.com

Pflanzenkrankheiten und -schädlinge

- www.gartenprobleme.de

Gesundheitlicher Wert der Tomate

- www.aerztezeitung.de/docs/1999/02/24/035a1402.asp
- www.dge.de/Pages/navigation/dge_datenbank/index.htm
- www.naturkost.de/99sk/990419c.htm
- www.tee.org/index.html

Rezepte

- www.han.de/cgi-bin/stichwort?Tomaten
- www.kueche-genuss.de
- www.kuechentips.de/
- www.rezeptparadies.de/

Grüne Tomaten sinnvoll verwerten

- www.stmelf.bayern.de/ernaehrung/ernis/solanintomaten.html

Grüne Tomaten - Rezepte aus dem Süden der USA (englisch)

- www.southernfood.about.com/food/southernfood/library/weekly/aa072097.htm

Infos zur Firma Heinz (Ketchup)

- www.heinz.com/jsp/index_default.jsp

La Tomatina – Tomatenschlacht in Spanien

- www.rhein-zeitung.de/on/99/08/25/topnews/tomaten.html

Filmplakate

- www.sense-of-view.de/reviews/angrifftomaten.php3?id=18
- www.jpc.de/jpcimages/big/6637383.jpg

Gartenseiten der Autorin

- www.gartensaison.de
- www.kleingewaechshaus.de
- www.gartenprobleme.de

Bodenuntersuchungen

Eine Adressenliste von qualifizierten Labors erhalten Sie bei der

- VDLUFA
  Bismarckstr. 41 A
  64293 Darmstadt
  Tel.: (0 61 51) 95 58 40

Beratung

- Informationsstelle der Versuchsanstalt für Gartenbau an der FH Weihenstephan, Am Staudengarten 9
  85350 Freising
  Tel.: (0 81 61) 71 45 41
  www.fh-weihenstephan.de/va/institute/info/index.html
- Bayerische Gartenakademie der Bayer. Landesanstalt für Weinbau und Gartenbau, An der Steige 15
  97209 Veitshöchheim
  Tel.: (01 80) 498 01 14
  www.stmelf.bayern.de/garten/gartentelefon.html

Bildquellen

Brunhilde Bross-Burkhardt: S. 45, 55
Helga Buchter-Weisbrodt: S. 17 (u.li), 22 (u), 25, 34, 48
Peter Himmelhuber: S. 27 (2), 28, 33, 38, 47
Roland Krieg: Umschlagfoto groß
Ökologie und Design: S. 12, 16 (u.li), 49
Hans Reinhard: S. 5, 9 (u), 10, 11, 16 (o.re), 22 (o), 30, 31, 35, 42, 44, 51
Nils Reinhard: S. 39
Eva Schumann: S. 32, 40
Gitte und Siegfried Stein GbR: S. 6, 16 (u.re), 17 (o.li+re, u.re), 18, 23 (4)
Jochen Veser: S. 37
Fridhelm Volk, Stuttgart: Freisteller Umschlag, Vignetten, S. 14, 52, 61, 65, 68, 71
Ingo Wandmacher: 9 (o), 13
Zeichnungen:
Kornelia Erlewein: S. 27 (u). Aus: Rücker, K.: Die Pflanzen im Haus. 2. Aufl., Verlag E. Ulmer, Stuttgart 1998.
Alle übrigen Helmut Flubacher. Aus: Schumann, E. und Milicka, G.: Das Kleingewächshaus. Technik und Nutzung. Verlag E. Ulmer, Stuttgart 1996.

Literatur

- Elmadfa, Ibrahim; Aign, Waltraute; Muskat, Erich: Die große GU Nährwert Kalorien Tabelle 2000/2001. 3. Auflage. Verlag Gräfe und Unzer, München 1999
- Frenz, Friedrich W. und Jaksch, Thomas: Balkongemüse mit Blumen kombinieren. Verlag Gräfe und Unzer, München 1996
- Newdick, Jane: Kräuter. Verlag Eugen Ulmer, Stuttgart 1996
- Schinharl, Cornelia: Vegetarische Mittelmeerküche. 3. Auflage, Verlag Gräfe und Unzer, München 1995
- Schumann, Eva und Milicka, Gerhard: Das Kleingewächshaus – Technik und Nutzung. Verlag Eugen Ulmer, Stuttgart 1996

Die Deutsche Bibliothek – CIP-Einheitsaufnahme
Ein Titeldatensatz für diese Publikation ist bei Der Deutschen Bibliothek erhältlich.

Wollgrasweg 41, 70599 Stuttgart
E-Mail: info@ulmer.de
Internet: www.ulmer.de
Printed in Germany
Lektorat: Wiebke Krabbe, Carola Hils
Covergestaltung und Layout: CYCLUS Visuelle Kommunikation
Herstellung und DTP: CYCLUS Media Produktion
Druck und Bindung: Offizin Andersen Nexö, Zwenckau
ISBN: 3-8001-3588-4

Register

Amfora F1 19
Ampelbepflanzungen 23
Anbau 16, 26ff.
Anti-Matschtomate 24
Anzucht 26ff.
Aufbinden 31
Ausgeizen 33f., 40
Aussaat 26ff.

Balkonstar 22f., 39
Balkontomaten 23, 38ff.
Baumtomate De Berao 19, 22, 40
Beaufort F1 28
Bestäubung 16, 33
Bewässerung 31ff., 77
Bezugsquellen 19ff, 76f.
Biologischer Pflanzenschutz 35f., 77
Blattläuse 36
Blüten 16, 33
Bodenuntersuchung 32, 77
Bruschetta 59
Buschtomaten 16, 22

Carotinoid 10, 44ff.
Catsup 9
Cocktailtomaten 17, 21f.
Crostini 59

De Berao 19, 22, 40
Dekorative Sorten 22
Diät 49ff.
Diplom F1 19, 23
Düngen 31ff., 40

Eiertomaten 17, 20f.
Einfrieren 55
Einlegen 56
Einmachen 56
Ernte 26, 34
-, weltweit 9, 11
Estrella F1 19, 22f.
Evita F1 21

F1-Hybriden 24
Festivals 13, 77
Fisch mit Tomaten 68f.
Flavr Savr 24
Fleischtomaten 17, 20
Folienhauben 31
Fruchtgewicht 17
Fruchtwechsel 30, 35

Gartenperle 23, 39
Gazpacho 62
Gentomaten 24f.
Geschichte 8
Gesundheitswirkung 10, 44ff.
Gewächshaus 26, 31, 77
Gießen 31ff., 40f.
Gnom F1 16, 22f., 39
Goldene Königin 16, 19, 23, 29
Goldita F1 21, 22, 36
Grünes Zebra 17, 21
Grünfruchttypen 17
Grünkragen 17
Gumbo 67

Harzfeuer F1 19, 23
Häuten 54f.
Heinz & Noble 9
Hellfrucht/Hilmar 19, 23, 29
Hellfruchttypen 17
Herz-Kreislauf-Erkrankungen 44
Hildares 19, 23
Hoffmanns Rentita 22, 29

Immunsystem 44ff.
Inhaltsstoffe 44ff., 51

Juliet 19
Jungpflanzenanzucht 26ff.

Kälteschutz 31
Keimdauer 26f.
Keimtemperatur 27
Ketchup 9, 74
Ketsiap 9
Kirschtomaten 22
Kleingewächshaus 26, 31, 77
Konfitüre 49
Korkwurzelkrankheit 35f.
Krankheiten 35ff.
Kraut- und Braunfäule-Krankheit 22, 30, 35ff.
Krebsschutz 10, 44ff.
Kübeltomaten 23, 39f.
Küchenpraxis 54

Lagern 34, 54
Lila Sari 19, 22
Longlife-Tomaten 20, 24
Lüften 30f.
Luxor F1 20
Lykopersicon 44
Lykopin 10, 44, 46

Maiglöckchen 21
Master F1 20, 23
Matina 19, 29
Mineralstoffe 44f., 47
Minibel1 21, 23, 39
Mischkultur 33
Moneymaker 17, 19, 23, 29
Myrto F1 17, 20, 22

Nachreifen 34, 54
Nachtschattengewächse 51
Nährwerttabelle 46
NASA 10
Nematoden 35f.
Nützlinge 38, 77

Orange Bourgoin 21

Patio F1 22f., 39
Pflanzeneinkauf 28f.
Pflanzeninhaltsstoffe, sekundäre 10, 44ff.
Pflanzenschutz, biologischer 35f., 77
Pflanzung 26, 30f.
Pflege 30ff.
Pfropfen 28f.
Phyra 21, 23, 39
Phytophthora infectans 37
Picolino F1 21, 36
Pikieren 27f.
Purpurkalebasse 19, 22

Red Robin 21, 23, 39
Resistenzen 22, 28f., 36
Roma1 20, 23

Saatgut 24ff., 76
Saatgutzüchtung 24ff., 76
Saattermin 26
Samtfleckenkrankheit 35f.
San Marzano 17, 21, 23
Schädlinge 36
Schale 48, 54
Schaugärten 41
Schlachten 13
Schlankmacher Tomate 49ff.
Schneiden 54
Selbstbestäuber 29
Solanaceae 51
Solanin 48f
Sorten 16ff.
–, bewährte 19ff, 23
–, samenechte 29
–, widerstandsfähige 22, 28f., 37
Sortentabelle 19ff.
Spaliertomaten 40
St. Pierre 20, 29
Stabtomaten 16, 19, 40
Stängelgrundfäulen 35f.
Stecklinge 29
Sungold 21
Supersweet 100 F1 21
Sweet 100 21, 23, 39
Sweet Cherry F1 21

Tabuleh 58
Tagesbedarf 46ff.
Terminplanung 26
Thrombosen 48
Tigerella 20, 22f.
Tomaten, gebraten 70
–, gefüllt 64ff.
–, gegrillt 70
–, Herkunft 8
–, im Internet 77
–, lagern 34, 54
–, nachreifen 34, 54
–, veredelte 28f., 76
–, Verwandte 51
Tomatenanbau ohne Erde 11
Tomaten-Bohnengemüse 69
Tomaten-Chutney 75
Tomatenfestivals 13, 77
Tomatenmark 57
Tomaten-Mozzarella-Pizza 73
Tomatensalat 60
Tomaten-Salsa 74
Tomatenschlachten 13, 77
Tomatensuppe 62f.
Tomatentypen, grünfrüchtige 17
Tomaten-Zucchini-Soße 72
Tomosa F1 20
Totem F1 22
Trocknen 55
Tyramin 45

Unterlage 29

Vanessa F1 20
Verbrauch 4, 9
Vermehrung 29
Verticillium-Welke 35
Verwandte 51
Verzehr 4, 9
Vitamine 10, 44ff.
Vitella F1 20, 22

Weihenstephaner Gärten (Versuchsanstalt) 41
Weiße Fliege 36
White Wonder/ Weiße Schönheit 20, 22

Yellow Pearshaped 21ff.

Zuckertraube 21

Inspirationen für den Garten.

Kräutergärten erfreuen sich zunehmender Beliebtheit. Der Genuss frischer Kräuter ist aber auch Pflanzenfreunden möglich, die über keinen Garten verfügen. Fast alle Kräuter lassen sich problemlos in Töpfen kultivieren oder in größeren Behältern zu stimmungsvollen Arrangements zusammenstellen. Auf diese Weise kann jede Terrasse und jeder Balkon zu einem Kräuterparadies gestaltet werden. Selbst im Blumenkasten auf dem Fensterbrett ist es möglich, manche Gewürzkräuter zu ziehen. Hier erfahren Sie erstmals alles über neue und natürlich auch über die altbewährten Kräuter, über ihre Anzucht, die spezielle Pflege auf dem Balkon und im Zimmer, ihre Vermehrung und Ernte. Darüber hinaus finden Sie auch Gestaltungsbeispiele und viele Rezepte.

Der Kräutergarten auf Balkon und Terrasse. ***M. Wiegele. 2000. 96 S., 76 Farbf., 20 Zeichn. ISBN 3-8001-3135-8.***

Blütenstauden bringen Farbe und Charme in den Garten, Blattstauden bestechen durch Form oder Größe, und Bodendecker machen kahle Stellen grün. Der Ratgeber befasst sich neben den Schritt-für-Schritt-Erklärungen zur Pflanzung vor allem mit der richtigen Anwendung und erprobten Kombinationen. Anschauliche Zeichnungen leiten auch unerfahrene Gärtner so an, dass typische Fehler vermieden werden können. Zu jedem Themenbereich, ob Stauden für den Schatten, Stauden für den Teichrand oder für den Steingarten, Stauden mit leuchtender Herbstfärbung usw., finden sich praktische Tabellen. Das Augenmerk wird nicht auf eine vollständige Aufzählung gelegt, sondern auf gelungene Beispiele aus der Praxis.

Stauden im Garten. ***D. Böswirth, A. Thinschmidt. 2000. 96 S., 94 Farbf. ISBN 3-8001-3137-4.***

Was Sie bei der Pflanzung einer Hecke beachten müssen, wie Sie die Pflanzen im Laufe des Jahres pflegen sollten und welche Arten auf welchem Standort optimal gedeihen, erfahren Sie in diesem Ratgeber. In anschaulichen Schritt-für-Schritt-Anleitungen wird jeder Handgriff erklärt, der für den zukünftigen Heckenbesitzer wichtig ist.

Bunte Hecken und grüne Grenzen. ***2000. G. Dietrich, K. Galbavy. 96 S., 91 Farbf. ISBN 3-8001-3136-6.***

Umfangreiche und zuverlässige Informationen bietet das Buch zu Heimat, Pflanzeneigenschaften und dem Verwendungszweck von 1520 Ziergehölzen und 1160 Stauden, Sommerblumen, Zwiebel- und Knollenpflanzen.

Das große Ulmer-Buch der Gartenpflanzen. ***F. Köhlein u.a. 2000. 639 S., 2680 Abb. ISBN 3-8001-3178-1.***